v

DEZEMBERNACHT

*Gedichte und Geschichten
zur Advents- und Weihnachtszeit*

Herausgegeben von

FRIEDRICH SCHORLEMMER

RADIUS

Friedrich Schorlemmer, geboren 1944 in Wittenberge, studierte evangelische Theologie in Halle, war vier Jahre Studieninspektor am Sprachenkonvikt in Halle und danach sieben Jahre Jugend- und Studentenpfarrer in Merseburg. Seit 1978 Prediger an der Schlosskirche und Dozent am Evangelischen Predigerseminar in Lutherstadt Wittenberg; 1992 bis 2008 Studienleiter an der dortigen Evangelischen Akademie Sachsen-Anhalt. 1993 Friedenspreisträger des Deutschen Buchhandels. Ehrendoktor der Concordia University in Austin/Texas (2002) sowie der Europa-Universität Viadrina (2014). Ehrenbürgerwürde der Lutherstadt Wittenberg (2015).

Von Friedrich Schorlemmer liegen folgende Bände im Radius-Verlag vor:

Den Frieden riskieren. Sätze und Grundsätze,
Pamphlete und Predigten, Reden und Einsprüche aus 20 Jahren

Wortmacht und Machtworte
Eine Eloge auf die Leselust

Die Weite des Denkens und die Nähe zu den Verlorenen
Einlassungen auf Texte des Evangelisten Lukas

Herausgegeben hat er zudem den Band
Das soll Dir bleiben. Für morgens und abends

★

Vorbereitung der Textauswahl: Wolfgang Erk und Martin Scharpe

ISBN 978-3-87173-526-4
Copyright © 2019 by RADIUS-Verlag GmbH Stuttgart
Die Rechte der einzelnen Texte liegen bei den
Autoren und Verlagen (s. Quellenverzeichnis S. 389ff.)
Alle Rechte der Verbreitung, auch durch Film, Funk, Fernsehen,
fotomechanische Wiedergabe, Tonträger jeder Art,
auszugsweise erfolgenden Nachdruck oder Einspeicherung
und Rückgewinnung in Datenverarbeitungsanlagen aller Art
sind vorbehalten.
Umschlag: Wolf Ladiges
Auf holz- und säurefreiem Werkdruckpapier gedruckt
Gesamtherstellung: CPI – Clausen & Bosse, Leck
Printed in Germany

Inhalt

Statt einer Vorrede: Die Weihnachtsgeschichte
      nach dem Evangelisten Lukas
      in der Übertragung von Walter Jens   7

Gedichte und Geschichten zur Weihnachtszeit
      Von A bis Z   13

Nachklang: der Johannes-Prolog
      in der Übertragung von Walter Jens   383

Zum Vorlesen besonders geeignet   387

Autoren, Überschriften, Textanfänge und Quellen   389

Statt einer Vorrede:
die Weihnachtsgeschichte nach dem Evangelisten Lukas
in der Übertragung von Walter Jens

Es war die Zeit – verehrter Herr!
   Bruder Theophilus, mein Freund,
als Kaiser Augustus allen Einwohnern des Reiches befahl,
sich überall im Land eintragen zu lassen,
wer einer sei und was er verdiente.
Es war die erste Zählung dieser Art,
sie wurde durchgeführt,
als Quirinius Statthalter in Syrien war,
und alle brachen auf, um sich eintragen zu lassen:
Jeder ging in seine Heimatstadt,
darunter auch Joseph:
Der zog von Galiläa, aus der Stadt Nazareth,
nach Judäa hinauf,
in die Stadt Davids, die Bethlehem heißt,
denn er stammte aus Davids Haus
und wollte sich eintragen lassen,
zusammen mit Maria, die seine Braut war
und ein Kind erwartete.

Es war in Bethlehem,
als für sie die Zeit der Niederkunft kam
und sie ihren ersten Sohn gebar:
Sie wickelte ihn in Windeln
und legte ihn in eine Krippe im Stall,
   denn im Haus war keine Bleibe für sie.
In ihrer Nähe aber waren in dieser Nacht Hirten auf dem Feld
und hielten Wache bei ihren Herden.
Da stand auf einmal ein Engel des Herrn neben ihnen,
Gottes Glanz umleuchtete sie,

und die Hirten ängstigten sich sehr.
Aber der Engel sagte zu ihnen:
»Habt keine Furcht!
Seht, ich verkündige euch,
daß eine große Freude bald das ganze Volk erfüllen wird,
denn heute wird euch, in der Stadt Davids,
der Retter geboren;
euer Herr, der Messias.
Und dies ist ein Zeichen für euch:
Das Kind! Ihr werdet ein Kind finden,
das, in Windeln gewickelt, in der Krippe liegt.«
Da standen neben dem Engel
die Scharen des himmlischen Heers;
sie priesen Gott und riefen:
»In den Himmeln: Gottes Macht!
Licht!
Und Herrlichkeit!
Auf der Erde: Gottes Frieden!
Frieden allen, die er liebt!«
Und als die Engel in den Himmel heimgekehrt waren,
sagten die Hirten:
»Kommt, wir wollen nach Bethlehem gehen,
um zu sehen, was der Herr geweissagt hat«,
und sie brachen auf, in der Nacht,
und fanden Maria und Joseph und das Kind,
das in der Krippe lag.
Und als sie es sahen, erzählten sie,
was ihnen gesagt worden war,
von diesem Kind,

und alle, die es hörten, staunten über die Worte der Hirten;
Maria behielt sie im Herzen
und bedachte alles, was geschehen war.
Die Hirten aber kehrten zurück,
priesen Gott und dankten ihm;
denn sie hatten gehört und gesehen:
Es ist alles, wie uns gesagt worden ist.

A

Heiko P. Ahlers
Heinrich Albertz
Hans Christian Andersen
Stefan Andres
Angelus Silesius
Jean Anouilh
Wystan Hugh Auden

HEIKO P. AHLERS (*1950)

vom-himmel-hoch-zyklus

vom himmel hoch da komm ich her
völker hört die signale
ich bring euch gute neue mär
auf zum letzten gefecht
der guten mär bring ich so viel
die internationale
davon ich singen und sagen will
erkämpft das menschenrecht

vom himmel hoch
von der maas bis an die memel
von der etsch bis an den belt
brüder
in zechen und gruben
auferstanden aus ruinen
bring ich euch gute neue mär
die internationale
die euch
verdammte dieser erde
erwecken soll

der guten mär bring ich so viel
vom himmel hoch
die internationale
nun mit macht zum durchbruch dringt
des lasst uns alle fröhlich sein

HEINRICH ALBERTZ (1915–1993)

Eine andere Weihnachtsgeschichte

Es muss 1951 gewesen sein. Wir hatten ein Haus in einem Vorort von Hannover bezogen. Ein wahrer Glücksfall, sechs Jahre nach der Flucht aus Schlesien nun ein Haus, mit einem großen Garten, eigenen Zimmern für die Kinder, unvorstellbar nach der Enge zuvor. Und es war Weihnachten. Der Morgen des Heiligen Abends, für die Kinder die Stunde größter Ungeduld, für die Frau die Hetze letzter Vorbereitungen auf das große Fest. Sie musste noch einmal in die Stadt. Da liegt frierend und mit bettelnden Augen ein völlig verhungerter junger Hund vor der Haustür. Er möchte ins Haus, fressen und trinken. Er wird eingelassen und bekommt, was er will; gierig, völlig verhungert stürzt er sich auf den Fressnapf, umringt von den Kindern. Sie wollen ihn behalten. Aber nun – zu drei Menschenkindern noch ein Hund, und noch dazu dieser, verdreckt, eine Mischung aus Terrier und Pudel – und wem ist er entlaufen? Außerdem muss meine Frau in die Stadt. So wird er wieder hinausgeführt. Aber er läuft mit, immer hinter der Frau, als gehöre er schon dazu, bis zur Haltestelle. Die Straßenbahn kommt, er will mit einsteigen. Er darf es nicht. Er bleibt zurück, ein Häufchen Elend, frierend und schmutzig.

Meine Frau ist wohl eine kleine Stunde in der Stadt geblieben. Aber als sie – zurück mit den letzten Einkäufen – wieder aussteigt, sieht sie ihn wieder. Er hat diese Stunde gewartet, auf seine letzte Hoffnung: dass er aufgenommen würde ins Warme und Menschliche. So kommen sie beide zusammen wieder an, jubelnd von den

Kindern begrüßt. Der Vater wird gefragt: Ja, am Heiligen Abend müssen wir ihn wohl aufnehmen. Im Stall von Bethlehem war sicher auch ein Hund. Auf den alten Bildern ist er immer wieder zu sehen. Er sieht dem kleinen Heimatlosen sehr ähnlich. So ist er geblieben. Er blieb 14 Jahre. Er war ein treuer Hund. Er zog mit uns nach Berlin und wurde der unbestrittene Herr ganzer Straßen in Lichterfelde. Er zeugte unzählige Kinder. Noch heute sind sie in Enkeln und Urenkeln zu erkennen, schwarzweiß, sehr preußisch. Er kämpfte mit allen Artgenossen, todesmutig. Er wartete Stunden vor den Gartentoren läufiger Hündinnen und fror einmal beinahe im Eise an. Er war Liebling und Held, sehr robust, fast ordinär, aber zuverlässig und uns allen unbeirrbar zugetan. Er starb 1965. Er hieß Fips. Wäre es nun nicht der Heilige Abend gewesen, damals in Westerfeld, hätten wir ihn je geschenkt bekommen?

HANS CHRISTIAN ANDERSEN (1805–1875)

Das kleine Mädchen mit den Schwefelhölzchen

Es war entsetzlich kalt; es schneite und der Abend begann zu dunkeln; es war der letzte Abend des Jahres. In dieser Kälte und Dunkelheit ging auf der Straße ein kleines armes Mädchen mit bloßem Kopfe und nackten Füßen. Als es das Haus verließ, hatte es freilich Pantoffeln angehabt. Aber was half das? Es waren sehr große Pantoffeln, die seine Mutter bisher getragen hatte, so groß waren sie; und die Kleine verlor sie, als sie über die Straße huschte, weil zwei Wagen schrecklich schnell vorüberrollten. Der eine Pantoffel war nicht wiederzufinden, mit dem andern lief ein Junge fort; er sagte, er könne ihn als Wiege gebrauchen, wenn er selbst Kinder hätte.

Da ging nun das kleine Mädchen auf den nackten kleinen Füßen, die rot und blau vor Kälte waren. In einer alten Schürze trug es eine Menge Schwefelhölzchen und einen Bund davon in der Hand. Niemand hatte ihm den ganzen langen Tag etwas abgekauft, niemand hatte ihm einen kleinen Schilling geschenkt; hungrig und verfroren schlich es einher und sah so verschüchtert aus, das arme kleine Mädchen!

Die Schneeflocken bedeckten sein langes blondes Haar, das sich so hübsch im Nacken lockte; aber daran dachte es nun freilich nicht. Aus allen Fenstern glänzten die Lichter, und es roch in der Straße herrlich nach Gänsebraten; es war ja Silvesterabend, und daran dachte es.

In einem Winkel zwischen zwei Häusern, von denen das eine etwas weiter in die Straße vorsprang als das andere, setzte es sich hin und kauerte sich zusammen. Die kleinen Füße hatte es an sich gezogen, aber es fror noch mehr, und nach Hause zu gehen wagte es nicht. Es hatte ja keine Schwefelhölzchen verkauft und nicht einen einzigen Schilling bekommen, sein Vater würde es schlagen. Kalt war es zu Hause auch; über sich hatten sie nur das Dach, durch das der Wind pfiff, wenn auch die größten Spalten mit Stroh und Lumpen zugestopft waren.

Die kleinen Hände waren beinahe vor Kälte erstarrt. Ach! ein Schwefelhölzchen konnte ihm wohl guttun, wenn es nur ein einziges aus dem Bunde herausziehen, es an die Wand streichen und sich die Finger erwärmen dürfte. Es zog eins heraus, »ritsch!« wie sprühte, wie brannte es! Es war eine warme helle Flamme, wie ein kleines Licht, als es die Hände darüber hielt. Es war ein wunderbares Licht! Es schien dem kleinen Mädchen, als säße es vor einem großen eisernen Ofen mit blanken Messingkugeln und einer Messingtrommel. Das Feuer brannte so schön und es wärmte so gut! Das kleine Mädchen streckte schon die Füße aus, um auch diese zu wärmen – da erlosch die Flamme, der Ofen verschwand, es hatte nur den kleinen Rest des abgebrannten Schwefelhölzchens in der Hand.

Ein neues wurde angestrichen, es brannte, es leuchtete, und wo der Schein auf die Mauer fiel, wurde diese durchsichtig wie ein Schleier. Es konnte gerade in die Stube hineinsehen, wo der Tisch mit einem blendendweißen Tischtuche und feinem Porzellan gedeckt war, und herrlich dampfte die gebratene Gans, mit Äpfeln und getrockneten Pflaumen gefüllt. Und was noch prächtiger war, die Gans sprang von der Schüssel herunter und wackelte auf dem Fußboden, Messer und Gabel im Rücken, gerade auf das arme Mädchen zu. Da erlosch das Schwefelhölzchen, und nur die dicke kalte Mauer war zu sehen.

Es zündete noch ein Hölzchen an. Da saß es nun unter dem herrlichsten Weihnachtsbaum, der noch größer und geputzter war als der, den es am Heiligabend durch die Glastür bei dem reichen

Kaufmann gesehen hatte. Tausende von Lichtern brannten auf den grünen Zweigen, und bunte Bilder, wie sie an Schaufenstern zu sehen waren, sahen herab. Das kleine Mädchen streckte die Hände danach aus – da erlosch das Schwefelhölzchen. Die Weihnachtslichter stiegen höher und höher, und es sah sie jetzt als helle Sterne am Himmel; einer von ihnen fiel gerade herunter und bildete einen langen Feuerstreifen am Himmel.

»Jetzt stirbt jemand!« sagte das kleine Mädchen, denn die alte Großmutter, die einzige, die gut zu ihm gewesen und nun gestorben war, hatte ihm erzählt, daß, wenn ein Stern vom Himmel herunterfällt, eine Seele zu Gott emporsteigt.

Es strich wieder ein Hölzchen an der Mauer an, es leuchtete ringsumher, und in dem Glanze stand die alte Großmutter, so klar, so schimmernd, so mild und liebevoll.

»Großmutter!« rief die Kleine. »Oh! nimm mich mit! Ich weiß, du bist fort, wenn das Schwefelhölzchen erlischt, du verschwindest wie der warme Ofen, wie der herrliche Gänsebraten und der große prächtige Weihnachtsbaum!« Und es strich schnell den ganzen Rest der Schwefelhölzchen an, der noch im Bunde war, denn es wollte die Großmutter recht festhalten. Und die Schwefelhölzer leuchten mit einem solchen Glanze, daß es heller wurde als am hellen Tage. Großmutter war früher nie so schön, so groß gewesen. Sie nahm das kleine Mädchen auf ihre Arme, und sie flogen in Glanz und Freude so hoch so hoch; und dort oben war weder Kälte noch Hunger, noch Angst – sie waren bei Gott.

Aber im Winkel des Hauses saß in der kalten Morgenstunde das kleine Mädchen mit roten Wangen und lächelndem Munde – tot, erfroren an des alten Jahres letztem Abend. Der Neujahrsmorgen ging über dem toten Kinde auf, das dort mit den Schwefelhölzchen saß, von denen ein Bund abgebrannt war, dasaß. »Es hat sich erwärmen wollen!« sagte man. Niemand wußte, was es Schönes gesehen hatte, in welchem Glanze es mit der Großmutter zur Neujahrsfreude eingegangen war.

STEFAN ANDRES (1906–1970)

Dörfliche Moselweihnacht

In der bäuerlichen Welt des Moseldorfes, in dem ich meine Schuljugendzeit verbrachte, beging man das Weihnachtsfest zu Haus und in der Kirche auf eine herb-innige und ganz und gar unsentimentale Weise. Es hatte sich unter dem Stern von Bethlehem noch nicht jener Rummelplatz halb echter, halb falscher Gefühle aufgetan. Die Krämer verkauften wohl Christbaumschmuck, Schokoladenplätzchen und Lebkuchen, aber von einem Weihnachtsgeschäft sprach niemand, da die Sitte noch vollständig unbekannt war, Weihnachtsstimmung in Schachteln zu kaufen. Und man fiel auch, wie einem das heutzutage bereits vier Wochen vor Weihnachten passieren kann, wenn man in einem Gasthaus irgendwo eine Tür zu einem Bürger- oder Hinterstübchen aufklinkt, niemals in einen Kreis von weihnachtlich gestimmten Männern, die, zwischen Lichterbaum und Bierglas sitzend, »Stille Nacht« oder »Am Weihnachtsbaum die Lichter brennen« singen. Es gab auch keine langen und kostspieligen Vorbereitungen. Die Mutter sagte, etwa acht Tage vor dem Fest: »Ja, ihr Kanner, da misse mer wohl baaken!« In der Futterküche war der Backofen. Ich sehe es noch, wie der Vater die Buchenscheite hineinwarf und die Mutter mit strengem Prüfen und das Gesicht gegen die Hitze verkniffen hineinschaute. Dann wurden die runden, an den Rändern gewellten Bleche mit dem wohlriechenden Teig herbeigetragen. An diesen Streusel- oder Obstkuchen hatte ich, so klein ich auch noch war, auszusetzen, daß die Teigschicht zu hoch war. Ich schnitt darum diese dicken Kreissegmente einmal der Länge nach durch, und nur, wie ich behauptete, um sie in den Mund zu kriegen, in Wirklichkeit aber, um auch das untere, das eigentliche Teigstück, mit Butter und Gelee zu bedecken, was den Eltern und Geschwistern als eine fast schon ans Lasterhafte grenzende Üppigkeit erschien. Neben dem Kuchen gab es noch Äpfel und Nüsse und vielleicht einen beim Bäcker gekauften Lebkuchen. Als der Jüngste, der ich war, wurde mir auch jedes Weihnachten ein kleines Spielzeug bewilligt: ein Blechauto oder dergleichen. Einmal erhielt ich eine Sparbüchse, und ich erinnere mich genau, daß ich den bunten Blecheimer mit dem Schlitz überhaupt nicht als Geschenk, sondern als eine Ermahnung empfand.

Eine weitere Vorbereitung zum Fest bestand im Hausputz, im Beichtgang und im Besorgen eines Christbaumes. Dieses Bäumchen durfte, wiewohl es die Familie wie alle ordentlichen Leute im Dorfe mit dem Siebenten Gebot sehr genau nahm, nicht gekauft werden. Es gab ja den Gemeindewald – aber natürlich auch den Waldhüter! Aber dem Waldhüter um 50 Pfennig eine Fichte abkaufen, das, so glaube ich heute, hätte die Leute und den Waldhüter an der Spitze zum Lachen gereizt. Nein, den Christbaum ging man sich selber holen, doch mußte man zusehen, nicht an Ort und Stelle ertappt zu werden.

Den Heiligabend feierten wir nicht. Wir gingen eher ein wenig früher zu Bett, um morgens in aller Frühe, ich glaube um vier Uhr, aufzustehen. Falls uns das erste Läuten noch nicht geweckt hatte, hörten wir auf jeden Fall den Vater, der unten vor der Treppe stand und sang. Denn während er sonst nur mit den Knöcheln auf einen der Holztritte klopfte, erhob er an diesem Morgen seine kraftvolle Stimme, und wir saßen in den Betten, rieben die Augen und lauschten. »Heiligste Nacht – Heiligste Nacht, Finsternis weicht« – und bald fielen unsere Stimmen mit ein. Das Waschen am Weihnachtsmorgen geschah sehr flüchtig, denn der Geruch, der aus der guten Stube kam, erfüllte bereits das ganze Haus. Es ist schwer, diesem Geruch nach so vielen Jahren ganz auf die Spur zu kommen. Der Duft der Fichte und der herbe Geruch des Leinöls, mit dem die Bohlen des Fußbodens vor jedem Fest getränkt wurden, durchdrangen sich stark. Aus dem eingebauten Porzellanschrank, wo die Kuchen übereinanderstanden, stieg der nahrhafte und zugleich festliche Anhauch von Gestreuseltem, die Äpfel und der Christbaum gaben mit ihrem Atem dem Duftgequirle eine leichte, schwebende Würze, und die Schokoladenplätzchen und die stark gewürzten Lebkuchen regten mich mit ihrem aus fernen Ländern kommenden Geruch ebenso auf wie das unerhörte Glitzern der Silberschaumkugeln und das Sprühen der Wunderkerzen. In die dicken Silberkugeln blickte ich immer wieder hinein und konnte mich an der fratzenbildenden Wirkung dieses Kugelspiegels nicht satt sehen.

Wenn ich an diese Weihnachtsmorgen in meiner Jugend zurückdenke, fällt es mir auf, wie selten wir noch heutzutage in derselben Gegend richtige Schneeweihnachten haben. Es war – das weiß ich noch, als hätte ich gestern den Weg zur Mette in die Dorfkirche angetreten – bitterkalt. Meist lag der Schnee in den Gassen, die, trotzdem es noch Nacht war, in einer unbestimmten Helligkeit dalagen. Ich rieche den Schnee gern, es ist, als ob man die Kälte selber riechen könnte. Ich wäre selbst als kleiner Junge nie auf den Einfall gekommen, ohne es anderen nachzutun, Schneebälle zu machen. Ich trottete dahin, genoß das weißliche Flimmern, roch den Schnee und hörte die Glocken zuhauf läuten, diese mütterlichen starken Stimmen oben im Kirchturm, die mich, so oft sie aus ihrem Schweigen fielen, mit ihrem himmlischen Gleichklang erregten, aber niemals so wie in der Weihnacht. Der Himmel über dem Berg Rupprot glitzerte, die Sterne sahen in der klaren Nacht wie Kristalle aus, und ich suchte, aber mehr mit dem träumenden als dem forschenden Auge, nach dem Stern der Weisen. In Mandels Ecke, einem einsamen Winkel, wo ein Stall lag, hörte ich, offenbar vom Hahn geweckt, eine Kuh muhen und später das Gemecker einer Geiß. Dann dachte ich an die Geschichte, die mir der Vater über die Weihnacht der Tiere erzählt hatte, daß nämlich der Hahn in der Nacht der Erlösung gerufen habe: »Christus ist hie!«, die Kuh aber habe gerufen: »Woo?«, und die Geiß antwortete: »In Bethlehem!«

STEFAN ANDRES (1906–1970)

Die beinah verhinderte Weihnacht

An den Tagen vor Weihnachten sollte man nicht reisen. Denn die Herbergen sind meist auch heute noch überfüllt wie zu den Zeiten der Heiligen Drei. Jedermann ist unterwegs, sich anzumelden, ein jeglicher in seiner Stadt, in seiner Familie.

Meine Weihnachtsreise ging in jenem Jahr durch ganz Italien gen Süden, wo in einem kleinen Felsennest am Mittelmeer meine Familie auf den Vater wartete. Mit neun Stunden Verspätung kam ich in Castellamare an. Jenseits des gewaltigen Berges, des Monte Sant' Angelo, warteten die Meinen auf mich, sehr nah und doch sehr weit, denn es fuhr kein Zug und kein Omnibus mehr. In zwei Stunden würden sie die tausend Treppenstufen des Dorfes hinab zur Mitternachtsmette steigen – ohne mich! Denn ich hatte noch genau anderthalb Stunden mit dem Auto zu fahren für den Fall, daß ich überhaupt eines auftreiben würde. Und das schien mir aussichtslos.

In diesem Augenblick stand ein Mann vor mir, genau gesagt: ein Herr. Und er fragte mich – wirklich, warum ich derart traurig zum Monte Sant' Angelo aufgeblickt habe. Ich sagte ihm: weil da hinter dem Berg meine Familie auf mich warte, ich hätte aber die Hoffnung bereits aufgegeben, in so später Nacht noch eine Fahrmöglichkeit aufzutreiben. Der Herr hörte aufmerksam zu, schloß die Augen und sagte dann lächelnd: »Sie sollen nicht vergebens Ihre Augen zu den hilfreichen Bergen aufgehoben haben. Kommen Sie!«

Er hieß mich mitten auf einem großen Platz warten. Die Cafés waren längst geschlossen, nur da und dort war ein Fenster erleuchtet. Ich betrachtete diese Lichter und zählte sie; mit jedem, das erlosch, schwand auch meine Hoffnung, noch in dieser Nacht heimzukommen, mehr und mehr dahin. Die Zeit kam mir endlos vor, und ich wartete doch erst einige Minuten. Da fuhr neben mir ein Mietwagen vor. Der freundliche weißhaarige Herr stieg aus, wies auf den Fahrer und sagte: »Ecco!« Ich dankte dem Unbekannten und malte ihm die Freude meiner Frau und der Töchter aus.

Er wandte sich mit leicht grüßender Hand schnell ab, ich blickte ihm geradezu erschrocken nach. Indem fuhr der Wagen mit einem scharfen Ruck an und warf mich gegen das Polster. Ich merkte, der Mann neben mir war nicht gut gelaunt. Der Preis, den er mir jetzt nannte, war nicht so hoch, wie ich befürchtete. Ich hatte mich auf den Platz neben ihm gesetzt, um mit ihm zu plaudern. Aber er antwortete auf meine Fragen nur mürrisch, blickte geradeaus und rauchte.

Als wir die Paßhöhe hinter uns hatten und an der Südseite des Gebirges fuhren, zu unserer Rechten in der Tiefe das Meer, zur Linken die meist steil aufsteigenden Kalkfelsen, stieß der dicke Mann neben mir plötzlich einen gewürgten Schrei aus – es klang so, als habe er seinen Zigarettenstummel verschluckt. Ich fuhr herum, hörte die Bremsen kreischen, und wie ich wieder nach vorn blickte, bemerkte ich im Scheinwerferlicht etwas auf dem Weg – etwas…

Im letzten Augenblick hielt der Wagen. Ein richtiger Bergrutsch hatte, wie das auf dieser Küstenstraße oft geschieht, Schotter und Erde und auch einige zentnerschwere Felsbrocken auf den Weg geschüttet. Wir saßen fest. Denn auf einem derartig gewundenen Weg bis zur nächsten Stelle, wo der Wagen gedreht werden könnte, rückwärts zu fahren, das war nicht nur mühsam und gefährlich, sondern ohne starkes Rücklicht unmöglich.

Ich stieg aus, legte den Mantel ab und begann ohne ein Wort die größeren Steine, sofern ich sie bewegen konnte, auf die Seite zu rollen. Der in seinem Grimm erstummte Fahrer sah mir keine halbe Minute zu, da stand er neben mir, und wir wälzten größere Brocken, an denen ich vergeblich gerüttelt hatte, mit gemeinschaftlichem Hau und Ruck einen Meter nach rechts oder links. Bald hatte er den Befehl übernommen, wir schwitzten, und unsere einander anfeuernden Rufe wurden immer lauter und vergnügter.

Als wir den größten Brocken, den wir bisher, um nicht den Mut zu verlieren, übersehen und erst gar nicht angepackt hatten, endlich ins Auge faßten, merkten wir, daß er gar nicht zu bewegen war. Plötzlich lief mein dicker Mit-Arbeiter zu seinem Wagen und kam lachend mit der Winde wieder, mit der sonst der Wagen gehoben wird. Mit diesem unansehnlichen Werkzeug schoben wir den schweren Brocken so weit auf die Seite, daß uns der Weg schließlich notdürftig frei schien. Es kam nun nur noch darauf an, daß der Wagen auf der Masse aus Erde und Grießstein nicht seitlich abrutschte und über das Wegmäuerchen zur Rechten in die Tiefe kippte.

»Ich heiße übrigens Giuseppe«, sagte der dicke Mann, als wir zum Wagen gingen und einstiegen. Ich nannte meinen Namen. Wir lachten. »Eine schöne Nacht«, sagte Giuseppe und blickte in den wolkenlosen, ganz klaren Himmel. Ich hatte selten so viele

Sterne auf einmal gesehen. Der Motor sprang an, und der Wagen nahm den breiten, unebenen Buckel des Hindernisses. Wir hörten die Steine gegen den Boden des Wagens schlagen, dann fuhren wir auf dem Asphaltband.

Giuseppe bat mich, ich solle ihm die Zigarette anzünden. Bei der Flamme blickte er mich mit einem verschmitzten Lächeln an und sagte:

»Aber zurück fahr ich doch über Gragnano, man soll Gott nicht zweimal auf derselben Stelle versuchen!«

Ich dankte ihm und begann nun in der Vorfreude des Wiedersehens, ihm von meiner Frau und den Töchtern zu erzählen. Giuseppe erzählte von seinem ältesten Jungen, der dreizehn Jahre alt sei und ihm einmal, da er knapp zehn gewesen, mit dieser Karre hier ausgerückt sei. Wenn er dem Kleinen die Geschichte dieser Nacht erzähle, dann steige er, der Vater, gewaltig in der Achtung des Jungen.

Als wir Abschied nahmen, war es mir, als hätten wir uns schon seit langem gekannt. Zehn Minuten später trat ich durch den kleinen Garten in das weiße Haus auf dem Berge, gerade als die Glocken die Mitternacht verkündeten.

ANGELUS SILESIUS (1624–1677)

In dir muß Gott geboren werden

Wird Christus tausendmal zu Bethlehem geboren
Und nicht in dir; du bleibst noch ewiglich verloren.

JEAN ANOUILH (1910–1987)

Das Lied vom verlorenen Jesuskind

»Jesuskind, wo bist du? Du bist nicht mehr zu sehn.
Leer ist deine Krippe, wo Ochs und Esel stehn...
Ich seh Maria, die Mutter, und Joseph Hand in Hand,
ich seh die schönen Fürsten vom fernen Morgenland.
Doch dich kann ich nicht finden:
Wo bist du, Jesuskind?«
»Ich bin im Herzen der Armen, die ganz vergessen sind!«

»Maria, voller Sorgen, die sucht dich überall,
draußen bei den Wirten, in jeder Eck im Stall.
Im Hof ruft Vater Joseph und schaut ins Regenfaß.
Sogar der Mohrenkönig, er wird vor Schrecken blaß.
Alles sucht und ruft dich:
Wo bist du, Jesuskind?«
»Ich bin im Herzen der Kranken, die arm und einsam sind!«

»Die Könige sind gegangen, sie sind schon klein und fern;
die Hirten auf dem Felde, sie sehn nicht mehr den Stern.
Die Nacht wird kalt und finster – erloschen ist das Licht.
Die armen Menschen seufzen: Nein, nein, das war Er nicht!
Doch rufen sie noch immer:
Wo bist du, Jesuskind?«
»Ich bin im Herzen der Heiden, die ohne Hoffnung sind!«

WYSTAN HUGH AUDEN (1907–1973)

Unter euch ist ein Kind

Unter euch ist ein Kind,
ein Sohn geboren.
Wir preisen verkündend
den Einzug der Liebe.
Aus dem Dunkel der Erde
hebt sich
himmlischer Glanz,
aus frostigem Schweigen
hebt sich Gesang.
Denn große Freude
erfüllt
die Kleinen,
die Betrübten,
selbst die Laune
der Großen und Mächtigen,
die dauernde Klippe,
die wandernde Woge
ist voller Nachsicht.
Singt Ehre sei Gott
und Friede den Menschen,
all allen Menschen.
Eilt nach Bethlehem.

B

Ingeborg Bachmann
Herman Bang
Johannes R. Becher
Joachim Biallas
Peter Bichsel
Otto Julius Bierbaum
Wolf Biermann
Johannes Bobrowski
Heinrich Böll
Dietrich Bonhoeffer
Wolfgang Borchert
Bertolt Brecht
Wilhelm Busch
Dino Buzzati

INGEBORG BACHMANN (1926–1973)

Auf den Paradeplätzen der Weihnachtsstadt

auf den Paradeplätzen der Weihnachtsstadt
hab ich geschrien, gejohlt, daß die
Polizei rot wurde und die Karpfen zu glotzen
aufhörten.

Stille Nacht, heilige
Nacht, wenn vom Baum der Ast fliegt
und allein in der Welt hängt, wenn
von den Tischen die Kanten fliegen
wenn die Geschenkpakete das Zittern bekommen,
weil die Lieblosigkeit durch die Welt geht
weil dich das anfaucht, anbellt aus dem Schnee
und die silbernen Fäden reißen und das Lametta säuselt silbern
auch das silbern und gold golden kommt
ein Wort auf dich zu, an dem du erstickst,
weil du verkauft und verraten bist
und weil das nicht ausreicht, daß dich
einer erlöst, der einmal gestorben ist.

HERMAN BANG   (1857–1912)

Eine Erinnerung

Was kann diese Erinnerungen hervorrufen, von denen man nicht einmal wußte, daß die Seele sie enthielt? Weshalb haben die alles verwischenden Jahre wie eine schützende Kapsel gerade dieses Bild bewahrt? Ist es eine ganz ähnliche Sorge, kann uns ein verwandter Kummer leiten – wir kennen weder Weg noch Steg –, so weit weg, so plötzlich? Oder warum sonst kommt es jetzt, gerade jetzt? Das Bild einer Wand, an der Silhouetten hängen, in der Mitte ein Spiegel, an dessen Rahmen die Vergoldung abgeblättert ist – dann der schmächtige Mann vor dem grüngestrichenen Tisch. Ein Gesicht so schmal und so spitz, in eine weiße linke Hand gestützt – und dieser Fußboden, der mit seinem feinen Sand so unberührt schimmert.

Ja – das ist er, mein allererster Lehrer – er wirklich in seinem Heim.

Er hatte eine sanfte Stimme – ich höre sie jetzt –, er nahm uns auf seine Knie und legte unseren Kopf an seine Schulter und sah uns mit seinen traurigen Augen ins Gesicht. Und er streichelte uns und sagte immer: »Ja – der Himmel möge euch bewahren.«

Er breitete sein Taschentuch auf dem Katheder aus, stützte die Ellbogen auf und umschloß sein Kinn mit beiden Händen. In der Klasse wurde Süßholz herumgereicht, weil er »weder hörte noch sah«, und kam einer von uns mit seiner Tafel nach vorn, dann wachte er verwundert auf und konnte uns lange in die Augen sehen, ganz sonderbar, und uns an sich drücken, als wollte uns jemand ihm wegnehmen ... Dann schob er uns wieder fort und sagte – aus weiter, weiter Ferne: »Ja – ja – wo sind wir denn stehengeblieben?«

Er liebte die Vögel. Im Winter, wenn Schnee auf dem alten Friedhof vor den Klassenfenstern lag, zerkrümelte er sein ganzes Frühstücksbrot, das er in weißem Konzeptpapier bei sich trug, öffnete das Klappfenster und warf die Krümel zu den Spatzen hinaus; und im Sommer, wenn die Schwalben ihre Nester unters Dach klebten, saß er stundenlang da, das Kinn auf das Fensterbrett gestützt, und sah den Vögeln zu. Wie sie lärmten.

Mit den anderen Lehrern sprach er nicht. Er kam und ging, lautlos und schweigsam – die Jungen nannten ihn »die Nachteule«. Den Rücken gekrümmt, den Kopf ein wenig gesenkt und das Gesicht spitz und traurig. Und immer trug er seinen schwarzen Rock und eine blitzende Hemdbrust und ein großes, weißes Halstuch.

Man sagte, Herr Sørensen sei reich.

»Ist Herr Sørensen reich?« fragte ich Mutter einmal beim Schularbeitenmachen.

»Ja – ich glaube.«

»Warum ist Herr Sørensen dann immer traurig?«

»Ist er das?«

»Ja-a... Ich hab ihn einmal weinen sehen... In der Pause, als ich mein Frühstück holen wollte...«

Das stimmte. Eines Tages, als ich ins leere Klassenzimmer gestürmt war, hatte Herr Sørensen dagesessen, den Kopf auf die erste

Bank gestützt, und geweint, nicht laut, ganz still, und hatte das Gesicht in sein Taschentuch gedrückt – da versteckte ich mich zwischen den Mänteln am Haken und schlich ohne mein Frühstücksbrot hinaus.

Das erzählte ich.

»Vielleicht ist Herr Sørensen traurig, weil er so allein ist«, sagte Mutter.

Und ich fragte, wie ein Kind fragt: »Hat er denn gar keine Schwestern?«

»Nein – er hat keine Schwestern...«

Ich glaube, es war gerade in jenem Winter, da schickte mich Mutter zur Weihnachtszeit mit selbstgebackenen Plätzchen zu Herrn Sørensen. Wie gut ich mich daran erinnere. Das Stubenmädchen war dabei. Es war ein großes Paket, mit jenen hellroten Bändern verschnürt, die Mutter immer um ihre Weihnachtspakete wickelte.

Die Treppe von Herrn Sørensen war blitzsauber, es roch nach Soda und Reinlichkeit. Als wir anklopften, machte er selber auf. Ich wagte gar nicht, den weißen Fußboden zu betreten – so sauber war er –, sondern blieb an der Tür stehen. Das Stubenmädchen überbrachte Grüße von der gnädigen Frau. Ich blickte mich um. Der alte Spiegel sah komisch aus, er war ringsum von kleinen Rahmen mit alten schwarzen Gesichtern umgeben, die ich nie zuvor gesehen hatte. An den anderen Wänden waren Regale, in denen die Bücher ganz gerade und langweilig standen – und viele Bücher. Und die Stühle und das alte Roßhaarsofa zwischen den Fenstern – alles stand so gerade und verlassen.

Herr Sørensen zog mich an sich, und er fragte mich etwas von Weihnachten.

»Wo werden Sie Weihnachten feiern, Herr Sørensen?« fragte ich.

»Ich bleibe zu Hause«, sagte er.

Und bei dem Gedanken an dieses Weihnachtsfest »zu Hause« muß mich etwas getroffen haben – in dieser Stube mit den schwarzen Bildern von ein paar toten Leuten und den Stühlen an den Wänden und dem Sofa, auf dem nie ein Mensch Platz nahm – ich muß das Trostlose, all die Verlassenheit, all die Einsamkeit dieser Stube empfunden haben, denn ich senkte den Kopf und weinte.

Herr Sørensen nahm mich auf den Schoß und beugte sein Gesicht zu mir herab. Er sagte – und konnte kaum flüstern –: »Du bist ein guter – ein guter kleiner Junge.« Und ich drückte mich an ihn und weinte und weinte.

Als wir nach Hause kamen, erzählte das Stubenmädchen der Mutter, ich hätte »geheult«. Und ich sagte: »Ja, weißt du – zu Herrn Sørensen kommt bestimmt *nie* einer...«

Mehr weiß ich nicht von diesem Mann. Nicht, was er gelitten, nicht, was er verloren hat. Das Leben hat viel Leid und so viele Arten von Kummer. Doch an jenem Tag, als ich mit dem Kopf an seiner Schulter weinte, habe ich wohl zum erstenmal, ohne es zu verstehen, gefühlt – daß es Menschen gibt, die sorgenbeladen sind und allein.

JOHANNES R. BECHER   (1891–1958)

Weihnacht

I
Schon eine Woche vorher war die Stadt wie ein riesiger Laden.
Die Leute mit ihren Paketen drückten sich auf der Pferdebahn.
Zu Hause der Schrank roch nach Schokolade,
Und die Eltern haben vor den Kindern immer so heimlich getan.
An der Straßenecke, wo sonst der Schutzmann stand,
        grünte ein Tannenwald.
Wenn ich im Bett lag, sagte die Mutter: »Das Christkind
        kommt bald!«
Wie Bratäpfel mir glühten die Backen.
In großen Flocken fing es an zu schnein.
Ein Wind, drin läuteten Glocken, wehte zum Fenster herein...

Das Christkind kam abends um sieben Uhr und spielte Violine.
Die Mutter hat leis die Tür aufgemacht.
Der Vater hat unter dem Sofa den Geigenkasten versteckt.
Wir aber sangen: »Stille Nacht, heilige Nacht!«
Und hatten schon alles gesehn:
Das Gewehr, die Festung, mit Tannenzweigen verdeckt,
Eine Eisenbahn.
Der Weihnachtsbaum strahlte wie Sternenhimmel,
Er hing voll Äpfeln und goldenen Nüssen und Würstchen
        aus Marzipan.
Das war in München gewesen, der schneereichen Stadt.
Zwölf Uhr nachts gehen die Menschen zur Messe in meiner Heimat.

II
Es war grad in den Weihnachtswochen,
Als mein Freund in Frankreich fiel.
In unseren Frontabschnitt waren die Engländer eingebrochen.
Wir mußten zurück. Sie waren dreimal soviel.
Wie Maulwürfe buddelten wir uns durch den Boden
Und sprengten einen Unterstand.
Im Stacheldraht hingen noch vom Sommer die Toten.
Sie winkten uns zu aus dem Niemandsland.

Wir rieben uns tüchtig die Hände. Wir hatten erfrorene Finger.
Wir schleppten geduckt durch den Graben ein Bäumchen herbei.
Es war verboten zu singen,
Wir schluckten Tränen und saßen schweigend dabei.
»Ablösung! Wache!« Wir traten vor.
In unseren Ohren brauste mächtig ein Chor:
»Vom Himmel hoch, da komm ich her.«
Wir standen wie versteinert, die Hand am Gewehr.

In dieser »stillen, heiligen« Nacht
Bin ich aus meinem Kindertraum erwacht.
Es fiel ein Schuß. Es war stockdunkel.
Ich hörte, wie einer rief,
Und hörte, wie einer im Dunkel
Stürzte und wieder lief –

Und hörte noch, wie einer schrie:
»Frieden auf Erden! Frieden, Frie – – –«

Mit einem Schlag setzten dreitausend Geschütze
Ein zum Feuerüberfall.
Wir befühlten das Bajonett an der Spitze
Und haben Handgranaten zusammengeballt –
Und heraus aus den Gräben zum Gegenstoß!
Frieden auf Erden? Die Hölle ist los!

Und ich sah einen Baum: Seine Äste streckt
Er weit über die ganze Welt –
Wie ein Galgen, der nach allen Seiten sich reckt,
War er mitten auf dem Schlachtfeld aufgestellt –
Und es hub in dem Baum ein Schreien an
Und ein Weheklagen,
Und der Himmel über dem Baum
Ist brennend zusammengeschlagen.

JOHANNES R. BECHER (1891–1958)

Weihnacht

Es blüht der Winter im Geäst,
und weiße Schleier fallen.
Einsam erfriert ein Vogelnest.
Wie vormals läßt das Weihnachtsfest
die Glocken widerhallen.

Es neigt sich über uns der Raum,
darin auch wir uns neigen.
Es glänzt der Kindheit Sternentraum.
Ein neuer Stern blinkt hoch am Baum
Das Licht weint in den Zweigen.

JOACHIM BIALLAS

Wo ist Bethlehem?

Dort ist Bethlehem,
wo ein Kind geboren und menschliches Leben geliebt wird;
denn Gott gibt der Welt als Kind den Geborenen,
damit wir lernen, liebend zu leben.

Dort ist Bethlehem,
wo ein Licht entzündet und trauerndes Dunkel erhellt wird;
denn Gott schenkt der Welt als Licht den Geborenen,
damit wir lernen, lichtend zu leben.

Dort ist Bethlehem,
wo ein Arm ausgestreckt und Hungernder Not besorgt wird;
denn Gott leiht der Welt als Arm den Geborenen,
damit wir lernen, helfend zu handeln.

Dort ist Bethlehem,
wo ein Lied gesungen und Freude im Lobgesang laut wird;
denn Gott läßt der Welt den Lobgesang singen,
damit wir lernen, lobend zu leben.

Dort ist Bethlehem,
wo ein Leben geliebt,
wo ein Licht entzündet,
wo eine Hand geöffnet,
wo ein Loblied gesungen,
wo ein Mensch gewandelt
zum Kinde Gottes wird.

PETER BICHSEL (*1935)

Die heilige Zeit

Mein treuer Leser Egon teilte mir schon vor zwei Wochen mit, daß meine nächste Kolumne in die Weihnachtswoche falle. Und als ich nicht reagierte, sagte er es ein zweites Mal.

Ich wußte gleich, was er damit meinte. Das war nicht irgendeine zufällige Bemerkung, das war eine Aufforderung – oder noch mehr, es war Egons Hoffnung auf eine Geschichte, eine Weihnachtsgeschichte.

Egon ist nicht nur mein bester Leser, er ist auch ein strenger Leser – ein Leser, der weiß, was er will, und er will eine Geschichte.

»Erzähl mir doch was, erzähl mir doch was«, wie Stefan, der ab und zu anruft, seinen Namen sagt und grüßt und dann schweigt und meine Frage, ob er noch da sei, mit einem knappen Ja beantwortet und weiter schweigt.

Es ist mir auch schon gelungen, mitzuschweigen, einfach auch nichts zu sagen – dann verabschiedet er sich nach ein paar Minuten und wünscht einen schönen Abend.

Offensichtlich möchte er einfach, daß mit ihm geredet wird. Aber was soll ich reden? Halt irgend etwas – aber nichts schwerer als das Irgendetwas.

Ja, Egon, ich weiß, du wirst dich auf diese Ausgabe der SI stürzen. Du wirst sie aufschlagen und bitter enttäuscht sein.

Ich sitze in der Beiz und suche verzweifelnd nach einem Thema für diese Kolumne. Eben ist ein leicht angetrunkener Weihnachtsmann in seinem Coca-Cola-Kostüm, der lange dasaß, wieder auf die Strasse gegangen, um Nüsse zu verteilen. Vielleicht sagt auch er zu den Kindern: »Erzähl mir doch was!«

Nein, lieber Egon, du bist nicht der einzige, der von mir – warum immer von mir? – eine Weihnachtsgeschichte erwartet. Es haben auch dieses Jahr wieder einige Zeitungen angerufen und gefragt, ob ich ihnen eine Weihnachtsgeschichte schreiben könnte.

Noch nie wurde mir eine Ostergeschichte abverlangt, noch nie eine Pfingstgeschichte.

Es gibt nur drei Arten von Geschichten: die Geschichten, die Kindergeschichten und die Weihnachtsgeschichten.

Und von keiner der drei Arten wissen wir so genau, was sie zu sein haben, wie eben von den Weihnachtsgeschichten. Sie spielen in der Kälte, im Schnee, im Dunkeln – und sie haben mit jenem Ereignis vor 2000 Jahren in Palästina wenig zu tun.

Sehr wahrscheinlich war es der Stern von Bethlehem, der die Nacht nötig machte – und die Nächte haben kalt zu sein, und schon sind die Nächte deutsch und verschneit, und die Palmen werden zu Fichten.

Ich weiß, Egon, du möchtest nicht so eine Weihnachtsgeschichte von mir, sondern eine andere, eine ganz andere, die aber dann doch eine richtige Weihnachtsgeschichte sein sollte.

Geschichten erzählen ist umgehen mit Zeit. Eine Geschichte hat seine Zeit, hat einen Anfang und ein Ende, wie das Leben.

Umgehen mit Zeit – die Weihnachtszeit, das klingt so schön: Zeit haben, die Zeit lang werden lassen – die Sehnsucht danach, nur zu sein und Zeit zu haben. Das muß auch mit dem Jahresende zu tun haben, mit dem verlorenen Jahr, mit der verlorenen Zeit: »Erzähl mir doch was, erzähl mir doch was« – eine lange Geschichte, eine Geschichte, die lange Zeit dauert, eine Geschichte über die lange Zeit, di längi Zyt, eine Geschichte über die Sehnsucht, die Sehnsucht, die uns die Zeit lang macht – längi Zyt.

Und solange erzählt wird, wird nicht geredet, wird nicht argumentiert, wird nicht gestritten – erzählen ist friedlich, und der wahre Frieden ist eine große und wunderbare Erzählung, eine Ahnung, eine Sehnsucht, ein Umgehen mit der langen Zeit.

Das ist es wohl, was uns in dieser Weihnachtszeit so streßt – nicht einfach die Einkäufe und die Umstände und das Gedränge im Warenhaus, sondern jetzt – am Ende des Jahres, am Ende eines Zeitabschnittes die Erinnerung daran, daß es eine Zeit gibt, eine Zeit, mit der wir umgehen sollten, die uns gehören sollte – aber wir haben sie verloren –, nun suchen wir sie und hetzen ihr nach. Aber die Zeit ist langsam und erreicht uns nicht mehr.

»Ja, ja – die heilige Zeit«, sagen die Leute und meinen damit nichts Schönes. Sie meinen damit, daß es mehr Betrunkene gibt in der Kneipe, daß die Leute unfreundlich werden, unfriedlich und bösartig – und sie reden und reden und reden.

Erzählen aber ist etwas anderes als reden – erzählen ist eine eigenartige Form von Schweigen, erzählen ist der Weg in die Stille.

Lieber Egon, selbstverständlich hast du ein Recht auf eine Geschichte – aber nicht nur der Zuhörer muß für sie die Stille finden, sondern auch der Erzähler.

Seit zwei Wochen suche ich diesen Weg in die Stille. Aber auch ich habe in dieser Zeit die Zeit verloren. Eine Geschichte wäre jetzt eine Lüge.

Aber erinnerst du dich, es kam schon vor, daß wir uns in der Beiz trafen, uns gegenüber saßen und schwiegen. Das kann wunderschön sein, mit jemandem schweigen zu können.

Das ist wie das Eintauchen in eine große Geschichte. Erzählen ist einüben in das Schweigen, und wir lassen für einmal diese Seite sozusagen eine weiße Seite sein: Weiß wie Schnee und weiß wie eine Weihnachtsgeschichte.

OTTO JULIUS BIERBAUM (1865–1910)

Der armen Kinder Weihnachtslied

Hört, schöne Herrn und Frauen,
Die ihr im Lichte seid:
Wir kommen aus dem Grauen,
Dem Lande Not und Leid;
Weh tun uns unsre Füße
Und unsre Herzen weh,
Doch kam uns eine süße
Botschaft aus Eis und Schnee.
Es ist ein Licht erglommen,
Und uns auch gilt sein Schein.
Wir habens wohl vernommen:
Das Christkind ist gekommen
Und soll auch uns gekommen sein.

Drum gehn wir zu den Orten,
Die hell erleuchtet sind,
Und klopfen an die Pforten:
Ist hier das Christuskind?
Es hat wohl nicht gefunden
Den Weg in unsre Nacht,
Drum haben wir mit wunden
Füßen uns aufgemacht,
Daß wir ihm unsre frommen
Herzen und Bitten weihn.

Wir habens wohl vernommen:
Das Christkind ist gekommen
Und soll auch uns gekommen sein.

So laßt es uns erschauen,
Die ihr im Lichte seid!
Wir kommen aus dem Grauen,
Dem Lande Not und Leid;
Wir kommen mit wunden Füßen,
Doch sind wir trostgemut:
Wenn wir das Christkind grüßen,
Wird alles, alles gut.
Der Stern, der heut erglommen,
Gibt allen seinen Schein:
Das Christkind ist gekommen! –
Die ihr es aufgenommen,
O, laßt auch uns zu Gaste sein!

WOLF BIERMANN (*1936)

Weihnachtsmarkt auf dem Marx-Engels-Platz
(1961/1998)

Weihnachtsmarkt auf dem Marx-Engels-
Platz mit Bockwurscht, Marschmusike
Jahres-Endzeit-Fortschrittsklänge
Schaschlik, heiße Pfannekuchen
Grillfleisch, Pioniergesänge
Broiler fliegen durch den Himmel
Geigenwälder, Friedenstöne
Trude, komm mit ins Gewimmel
Ins Geblase und Getute
Staat der Arbeiter und Bauern
Wolkenwärts brüllt hundeblauer
Bratendunst aus jeder Bude

Toll der Blick vom Riesenrad! Da!
Westberlin! Da! Siegessäule!
Funkturm! Da! Mercedesstern. Was
Schert uns kaltes Kriegsgeheule
Schimpfen nun die Mauer alle
Schutzwall? Oder Menschenfalle?
Was soll die Partei denn machen!
Wenn die Klassenfeinde lauern
Du mit deinem Kussmaul, Trude
Sag nicht solche frechen Sachen
Wolkenwärts blafft hundeblauer
Bratendunst aus jeder Bude.

Glück und Frieden sei beschieden
Deutschland unserm Vaterland
Wenn verbrannt det alte Fett is
Und die Herzen schlagen, det ist
Die Berliner Luft im Osten
Mandeln, Krapfen, frisch frittierte
Blutwurscht kohlt auf schwarzen Rosten
Liebesäpfel, rotlackierte
Siegt der Sozialismus, Trude
Außen süß und innen sauer
Wolkenwärts bläht hundeblauer
Bratendunst aus jeder Bude

Weihnachtstannen, Lichterketten
Pro Person zwei Pfund Bananen
Klirrend steifgefrorne Fahnen
Hämmer-Zirkel-Ährenkränze
Importierte Zigaretten
Jedes Land schützt seine Grenze
Ulbricht kontert Adenauer
Klassenkampf in Deutschland, rauher
Wird der Ton der Friedenskämpfer
Und du bist mein Christkind, Trude
Heidenspaßig brennt ein blauer
Bratendunst aus jeder Bude

Besser schmeckt mir deine freche
Zunge, wenn dein Kussmaul lacht
Besser als 'ne Hühnerkeule
Deine rotgemalten Lippen
Mag ich mehr als Liebesäpfel
Wie du kicherst, hör ich lieber
Als das Friedenskampfgeheule
Hör ma! Kiek ma! Riech ma, Trude!
Preußisch rot blakt hundeblauer
Bratendunst aus jeder Bude
Deutsche Weihnacht. Deutsche Weihnacht
Deutsche Weihnacht – ich bin Jude

JOHANNES BOBROWSKI (1917–1965)

Dezember

Schon steht der Stern
allnächtlich überm Dachfirst. Bimmelnd
fährt Niklas' vollbepackte Schimmelfuhre
durch alle Kinderträume.

Heut haben
wir beide nach dem schönsten Tannenbaum
im Wald gesucht.
Besser war meiner, voller –
und ich kenn' ihn
schon lang, vom Sommer her, doch
daß du recht behältst,
Elise, deiner ist
gewiß viel schöner!

Er wird geschlagen
und nach Haus genommen.
Nun steht er vor dem Fenster ein paar Tage,
Schnee glitzert an den Zweigen.
Ach, Elise,
(du sollst's nicht hören)
besser war
der meine, –
doch schöner ist's:
mit dir im Frieden zu leben.

JOHANNES BOBROWSKI (1917–1965)

Unordnung bei Klapat

Da kommt man nach Hause, da ist einfach Weihnachten. Ist wohl gar nichts passiert? Frohes Fest oder gesegnetes und in die Kirche, da kann sein, was will.

Klapat, sagt die Frau, du redst und redst. Wir sind doch immer gegangen, Karfreitag, Weihnachten, Totensonntag.

Hör mir auf mit Totensonntag, sagt Klapat. Dafür ist der Bruder vielleicht gefallen, sechzehn, daß der da auf die Kanzel kriecht und krakeelt, die Gedenktafel muß raus. Haben wir doch gelernt: Niemand hat größere Liebe denn die, daß er sein Leben lässet für seine Freunde. Und deshalb, sagt er, soll die Tafel raus aus der Kirche. Weil das draufsteht. Weil das nicht gesagt ist auf deinen Vater und auf meinen Bruder, und wenn der Junge, aber er hat doch geschrieben, daß er lebt, wenn der aber auch – da hat man also gar nichts, bloß die Frechheiten von dem Kerl.

Klapat, sagt die Frau und bindet die Schürze ab, du ißt jetzt erst, du ärgerst dich immer. Der Karl-Heinz denkt, daß wir den Baum geschmückt haben und daß wir in die Kirche gehn, nachher.

Haben wir ja auch, den Baum, sagt Klapat. Wie die alten Germanen.

Essen ist immer gut, also sagt Klapat: Gehen wir meinetwegen auch in die Kirche, ich zieh Uniform an, und wenn er wieder mit soetwas anfängt, gehn wir raus.

Noch ein bißchen, sagt die Frau und säbelt am Gebratenen herum. Schöne Erfindung, so tote Sau, muß man sagen. Sagt auch Klapat und hält den Teller hin. Und jetzt fällt ihm ein, daß sie den ganzen Vormittag im Büro von Weihnachten geredet haben. Der Prellwitz immer von Weltesche und sowas. Soll man also den Baum an die Decke hängen und unten drunter einen Apfel, am Bindfaden, das ist dann die Erde.

Gar nicht so zum Lachen, sagt Klapat verweisend, weil Lina einfach Quatsch sagt und abwinkt.

Aber wer hängt schon den Baum an die Decke, dann lieber gar keinen. Klapat legt Messer und Gabel hin, kreuzweis über den Teller, und fängt an zu erzählen. Was Horstigall gesagt hat.

Also die hatten zu Hause so einen drehbaren Fuß, wo sie den Baum immer reinsteckten. Der spielte Weihnachtslieder. Im Drehen.

Ist ja zum Lachen, sagt die Frau.

Nein gar nicht, sagt Klapat, überhaupt nicht. So ein Kasten, verstehst du, Blech und außen bemalt. Und der Schlüssel wurde versteckt jahrüber, damit ihn keiner aufzog. Bloß Weihnachten. Und red mir nicht immer zwischen, und eine Weihnachten, na ja, da haben sie ihn wohl überdreht oder sowas, jedenfalls: erst dreht er sich ganz richtig und sie sitzen da und singen mit und sein Vater, sagt er, kaut schon an Steinpflaster und Katharinchen, da geht es aber los, da dreht sich der Kasten immer schneller, da fliegen schon die Kugeln, klatsch, gegen die Wand, klatschklatsch, der Kater reißt aus, die Kinder hinterher, schöne Bescherung. Klapat lacht, daß ihm die Augen tränen. Na was denkst du, fröhliche Weihnachten.

Und nun fällt ihm ein, was der Neumann gesagt hat: Letzte Weihnachten war schön, waren die Jungens zu Hause, er hat drei Stück beim Militär, einer ist Feldwebel, da haben sie gesoffen, war sehr gemütlich.

Möchtest du das machen, Klapat, sagt Lina vorwurfsvoll. Aber na ja, die Frau vom Neumann ist tot, dieses Jahr kommt keiner auf Urlaub, der alte Mann sitzt da. Soll er in die Kirche gehn. Aber Neumann ist ja wohl Dissident, wie man früher sagte, die glauben an kein höheres Wesen, bloß an solche, die einen befördern können, so ein Beamtenglauben.

Und nun sitzen Klapats also in der Kirche, Klapat in SA-Uniform, Lina im Schwarzseidnen. Lina denkt, wie wird ihm bloß gehen, dem Kind?

Der Herr Eschenbach spielt oben seine Orgel, erst schnell und dann langsam, und klingelt immer ein bißchen dazwischen.

Hat den Zimbelstern eingeschaltet, sagt Klapat, hört sich gut an. Und dann reckt Klapat den Hals, weil Hochwürden die Kanzelstiege hinaufklettert.

Und was sagt er da, der Herr Dompfarrer? Erst einmal, daß die Gemeinde Stille Nacht zu Hause singen soll, nicht in der Kirche.

Der will bloß jedem querkommen. Aber mir nicht. Heute nicht. Hier sitz ich, Klapat, in Uniform, Beamter, Frontkämpfer, EK II, und mein Sohn ist im Felde. Soll er bloß wieder anfangen von Soldaten und Krieg, soll er bloß wieder anfangen, der Mensch, wird schon sehen, was dann ist.

Na was denn, Klapat?

Dann steh ich auf und geh raus. Und die Lina mit.

Aber Hochwürden redet nicht vom Krieg, sondern von Frieden, je länger Klapat hinhört, desto verdächtiger hört sich das an. Wieso Frieden, wo wir jetzt Krieg haben? Aber soll er denn von Krieg reden? Also doch von Frieden? Soll er oder soll er nicht? Auf jeden Fall aber: Was er da oben redet, ist ja wohl nicht das, was man sich anhören kann, jetzt im Krieg und in Uniform: Daß die Friedfertigen die Friedenmacher sind und nicht solche, die mit dem Frieden fertig geworden sind.

Und Stille Nacht auch nicht. Weltesche will man ja schon nicht verlangen. Aber wenigstens Stille Nacht.

Dies ist das Buch von der Geburt Jesu Christi, so fängt das Neue Testament an, sagt Hochwürden, und gleich danach heißt es: Die Geburt Christi war aber also getan. Getan, meine Freunde, also: Gott tut etwas, mit dieser Geburt, an seiner Welt.

Das nächste weiß Klapat nun wieder. Aber dieses Getan und daß das ganze Testament von Anfang an über Weihnachten redet, – na ich weiß nicht, da kommt ja wohl noch mehr, Heilige Drei Könige, Karfreitag, Ostern, Erster Mai, nein der nicht, Himmelfahrt, Pfingsten. Und Reformationsfest und Bußtag. Haben außerdem alles die alten Germanen erfunden, sagt Prellwitz. Ist ja vielleicht wahr, mußte ja erst mal geboren sein, das Christkind, aber so meint er das wohl nicht, jedenfalls nicht so einfach: geboren und dann weiter wie bekannt.

Und Lina sitzt da, lange Haare, kurzer Sinn, aber dafür gleich immer am Wasser gebaut. Soll sie. Besser jetzt als nachher unterm Baum, man ist auch nur ein Mensch.

Das ganze Testament. Nein, Klapat ist nicht fertig damit. Direkten Grund zum Aufstehen hat es nicht gegeben, höchstens vorhin wegen dem Frieden, jetzt im Krieg, aber man geht doch wohl Weihnachten in die Kirche, weil Weihnachten ist: etwas Altes also, das man kennt, an das man nur erinnert zu werden braucht, um gleich vor Augen zu haben: wie es früher zu Hause war und wie wir immer den Baum klauen gingen, in der Schonung, und ein Jahr hatte der Förster Kiuppel alle Bäume gezeichnet, und dann kam er auf Besuch, Zweitfeiertag, aber gesagt hat er nichts, bloß uns draußen an die Ohren genommen, uns Jungens. Und dann Kriegsweihnachten, siebzehn, da haben wir geheiratet. Und jetzt: Das ist das Buch von der Geburt. Da wird etwas getan: Frieden, wo jetzt Krieg ist. Paßt alles nicht, hinten und vorne nicht, denkt Klapat.

Da liegt er im Bett, nachts, und es ist alles vorbei.

Nein, aufgestanden sind sie nicht. Erst nachher, wie es sich gehört, als die Kirche aus war. Dann haben sie gesungen, zu Hause, die beiden Klapats, und sind sich alt vorgekommen. Und er hat die Geige vorgeholt, soviel kann er noch. Und einen Brief haben sie geschrieben an den Jungen. Und Klapat hat noch einmal angefangen von Horstigalls Drehfuß, der Lieder spielte, aber er hat bald aufgehört, nur ein bißchen Radio und um zwölf die Glocken.

Kein Wort mehr davon. Aber sind denn solche Feste dazu da, daß man durcheinander kommt? Das man daliegt und nicht schläft? Das weiß ich nicht.

HEINRICH BÖLL (1917–1985)

Die Kunde von Bethlehem

Die Tür war keine richtige Tür: sie war lose aus Brettern zusammengenagelt, und eine Drahtschlaufe, die über einen Nagel gezogen war, hielt sie am Pfosten fest. Der Mann blieb stehen und wartete: ›Es ist doch eine Schande‹, dachte er, ›daß eine Frau hier ihr Kind kriegen muß.‹ Er nahm die Drahtschlaufe vorsichtig vom Nagel, stieß die Tür auf und erschrak: er sah das Kind im Stroh liegen, die sehr junge Mutter hockte daneben, lächelte das Kind an… hinten an der Wand stand einer, den der Mann nicht richtig anzusehen wagte: das könnte einer von denen sein, die die Hirten für Engel gehalten hatten. Der dort an der Wand lehnte, hatte einen mausgrauen Kittel an und hielt in beiden Händen Blumen: schlanke, gelbliche Lilien waren es. Der Mann spürte die Furcht in sich aufkommen und dachte: ›Vielleicht stimmen doch die tollen Dinge, die die Hirten in der Stadt erzählt haben.‹

Die junge Frau blickte jetzt auf, sah ihn freundlich und fragend an, und der Mann fragte leise: »Wohnt hier der Tischler?«

Die junge Frau schüttelte den Kopf: »Tischler ist er nicht – er ist Zimmermann.«

»Das macht ja nichts«, sagte der Mann, »eine Tür wird er ja reparieren können, wenn er Werkzeug mithat.«

»Er hat Werkzeug mit«, sagte Maria, »und Türen reparieren kann er. Das hat er in Nazareth auch gemacht.«

Sie waren also wirklich aus Nazareth.

Der mit den Blumen in der Hand sah jetzt den Mann an und sagte: »Du brauchst dich nicht zu fürchten.« Seine Stimme klang so schön, dass der Mann wieder erschrak, aber er blickte auf: der Mausgraue sah sehr freundlich, aber auch traurig aus.

»Er meint Joseph«, sagte die junge Frau, »ich will ihn wecken. Soll er die Tür reparieren?«

»Ja, in der Herberge zum ›Roten Mann‹, nur den Falz ein bisschen aushobeln und das Futter nachsehen. Die Tür klemmt so. Ich warte draußen, wenn du ihn holen willst.«

»Du kannst ruhig hier warten«, sagte die junge Frau.

»Nein, ich will lieber draußen warten.« Er sah flüchtig zu dem Mausgrauen hinüber, der ihm lächelnd zunickte, ging dann rückwärts hinaus und schloß die Tür vorsichtig, indem er die Drahtschlaufe über den Nagel zog. Männer mit Blumen waren ihm immer komisch vorgekommen, aber der Mausgraue sah nicht wie ein Mann aus, auch nicht wie eine Frau, und komisch war er ihm gar nicht vorgekommen.

Als Joseph mit der Werkzeugkiste herauskam, nahm er ihn beim Arm und sagte: »Komm, wir müssen links herum.« Sie gingen links herum, und jetzt fand der Mann endlich den Mut, das zu sagen, was er der jungen Frau schon hatte sagen wollen, aber er hatte sich gefürchtet, weil der mit den Blumen dabei stand. »Die Hirten«, sagte er, »erzählen ja tolle Dinge über euch in der Stadt.« Aber Joseph antwortete nicht darauf, sondern sagte: »Hoffentlich habt ihr wenigstens ein Stecheisen da, an meinem ist mir der Griff abgebrochen. Sind es mehrere Türen?«

»Eine«, sagte der Mann, »und ein Stecheisen haben wir. Es ist sehr dringend mit der Tür. Wir bekommen Einquartierung.«

»Einquartierung? Jetzt? Es sind doch keine Manöver.«

»Nein, Manöver sind nicht, aber es kommt eine ganze Kompanie Soldaten nach Bethlehem. Und bei uns«, sagte er stolz, »bei uns soll der Hauptmann wohnen. Die Hirten …«, aber er unterbrach sich, blieb stehen, und auch Joseph blieb stehen. An der Straßenecke stand der Mausgraue, er hatte den ganzen Arm voller Blumen, weißer Lilien, und verteilte sie an kleine Kinder, die gerade laufen konnten: es kamen immer mehr Kinder, und Mütter kamen mit solchen, die noch nicht laufen konnten, und der Mann, der Joseph geholt hatte, erschrak sehr, denn der Mausgraue weinte: die Stimme, die Augen hatten ihn schon erschreckt, aber seine Tränen waren noch schrecklicher: er berührte die Münder der Kinder, ihre Stirn mit seiner Hand, küsste ihre kleinen schmutzigen Hände und gab jedem von ihnen eine Lilie.

»Ich habe dich gesucht«, sagte Joseph zu dem Mausgrauen, »eben, während ich schlief, habe ich geträumt...«

»Ich weiß«, sagte der Mausgraue, »wir müssen sofort weg.« Er wartete noch einen Augenblick, bis ein ganz kleines, schmutziges Mädchen an ihn herangekommen war.

»Soll ich die Tür für diesen Hauptmann nicht mehr reparieren?«

»Nein, wir müssen gleich weg.« Er wandte sich von den Kindern ab, nahm Joseph beim Arm, und Joseph sagte zu dem Mann, der ihn geholt hatte: »Tut mir leid, ich glaube, es geht nicht.«

»Oh, laß nur« sagte der Mann. Er sah den beiden nach, die zum Stall zurückgingen, blickte dann in die Straße, in der die Kinder lachend mit ihren großen weißen Lilien herumliefen. Da hörte er das Getrappel von Pferdehufen hinter sich, wandte sich um und sah die Kompanie, die von der Landstraße aus in die Stadt einritt.

›Ich werde wieder ausgeschimpft werden‹, dachte er, ›weil die Tür nicht repariert ist.‹

Die Kinder standen am Straßenrand und winkten den Soldaten mit den Blumen zu. So ritten die Soldaten durch ein Spalier weißer Lilien in Bethlehem ein, und der Mann, der Joseph geholt hatte, dachte: ›Ich glaube, die Hirten haben recht, mit allem, was sie erzählt haben...‹

HEINRICH BÖLL   (1917–1985)

Monolog eines Kellners

Ich weiß nicht, wie es hat geschehen können; schließlich bin ich kein Kind mehr, bin fast fünfzig Jahre und hätte wissen müssen, was ich tat – und hab's doch getan, noch dazu, als ich schon Feierabend hatte und mir eigentlich nichts mehr hätte passieren können. Aber es ist passiert, und so hat mir der Heilige Abend die Kündigung beschert. Alles war reibungslos verlaufen: Ich hatte beim Dinner serviert, kein Glas umgeworfen, keine Soßenschüssel umgestoßen, keinen Rotwein verschüttet, mein Trinkgeld kassiert und mich auf mein Zimmer zurückgezogen, Rock und Krawatte aufs Bett geworfen, die Hosenträger von den Schultern gestreift, meine Flasche Bier geöffnet, hob gerade den Deckel von der Terrine und roch: Erbsensuppe. Die hatte ich mir beim Koch bestellt, mit Speck, ohne Zwiebeln, aber sämig, sämig. Sie wissen sicher nicht, was sämig ist; es würde zu lange dauern, wenn ich es Ihnen erklären wollte: Meine Mutter brauchte drei Stunden, um zu erklären, was sie unter sämig verstand. Na, die Suppe roch herrlich, und ich tauchte die Schöpfkelle ein, füllte meinen Teller, spürte und sah, daß die Suppe richtig sämig war – da ging meine Zimmertür auf, und herein kam der Bengel, der mir beim Dinner aufgefallen war: klein, blaß, bestimmt nicht älter als acht, hatte sich den Teller hoch füllen und alles, ohne es anzurühren, wieder abservieren lassen: Truthahn und Kastanien, Trüffeln und Kalbfleisch, nicht mal vom Nachtisch, den doch kein Kind vorübergehen läßt, hatte er auch nur einen Löffel gekostet, ließ sich fünf halbe Birnen und 'nen halben Eimer Schokoladensoße auf den Teller kippen und rührte nichts, aber auch nichts an, und sah dabei nicht mäklig aus, sondern wie jemand, der nach einem bestimmten Plan handelt. Leise schloß er die Tür hinter sich und blickte auf meinen Teller, dann mich an: «Was ist denn das?« fragte er. »Das ist Erbsensuppe«, sagte ich. »Die gibt es doch nicht«, sagte er freundlich, »die gibt es doch nur in dem Märchen von dem König, der sich im Wald verirrt hat.« Ich hab's gern, wenn Kinder mich duzen; die Sie zu einem sagen, sind meistens affiger als die Erwachsenen. »Nun«, sagte ich, »eins ist sicher: Das ist Erbsensuppe.« – »Darf ich mal kosten?« – »Sicher, bitte«, sagte ich, »setz dich hin.« Nun, er aß drei Teller Erbsensuppe, ich saß neben ihm auf meinem Bett, trank Bier und rauchte und konnte richtig sehen, wie sein kleiner Bauch rund wurde, und während ich auf dem Bett saß, dachte ich über vieles nach, was mir inzwischen wieder entfallen ist; zehn Minuten, fünfzehn, eine lange Zeit, da kann einem schon viel einfallen, auch über Märchen, über Erwachsene, über Eltern und so. Schließlich konnte der Bengel nicht mehr, ich löste ihn ab, aß den Rest der Suppe, noch eineinhalb Teller, während er auf dem Bett neben mir saß. Vielleicht hätte ich nicht in die leere Terrine blicken sollen, denn er sagte: «Mein Gott, jetzt habe ich dir alles aufgegessen.« – »Macht nichts«, sagte ich, »ich bin noch satt geworden. Bist du zu mir gekommen, um Erbsensuppe zu essen?« – »Nein, ich suchte nur jemand, der mir helfen kann, eine Kuhle zu finden; ich dachte, du wüßtest eine.« Kuhle, Kuhle, dann fiel mir's ein, zum Murmelspielen braucht man eine, und ich sagte: »Ja, weißt du, das wird schwer sein, hier im Haus irgendwo eine Kuhle zu finden.« – »Können wir nicht eine machen«, sagte er, »einfach eine in den Boden des Zimmers hauen?«

Ich weiß nicht, wie es hat geschehen können, aber ich hab's getan, und als der Chef mich fragte: Wie konnten Sie das tun?, wußte ich keine Antwort. Vielleicht hätte ich sagen sollen: Haben wir uns nicht verpflichtet, unseren Gästen jeden Wunsch zu erfüllen, ihnen ein harmonisches Weihnachtsfest zu garantieren? Aber ich hab's nicht gesagt, ich hab' geschwiegen. Schließlich konnte ich nicht ahnen, daß seine Mutter über das Loch im Parkettboden stolpern und sich den Fuß brechen würde, nachts, als sie betrunken aus der Bar zurückkam. Wie konnte ich das wissen? Und daß die Versicherung eine Erklärung verlangen würde, und so weiter, und so weiter. Haftpflicht, Arbeitsgericht, und immer wieder: unglaublich, unglaublich. Sollte ich ihnen erklären, daß ich drei Stunden, drei geschlagene Stunden lang mit dem Jungen Kuhle gespielt habe, daß er immer gewann, daß er sogar von meinem Bier getrunken hat – bis er schließlich todmüde ins Bett fiel? Ich hab' nichts gesagt, aber als sie mich fragten, ob ich es gewesen bin, der das Loch in den Parkettboden geschlagen hat, da konnte ich nicht leugnen; nur von der Erbsensuppe haben sie nichts erfahren, das bleibt unser Geheimnis. Fünfunddreißig Jahre im Beruf, immer tadellos geführt. Ich weiß nicht, wie es hat geschehen können; ich hätte wissen müssen, was ich tat, und hab's doch getan: Ich bin mit dem Aufzug zum Hausmeister hinuntergefahren, hab' Hammer und Meißel geholt, bin mit dem Aufzug wieder raufgefahren, hab' ein Loch in den Parkettboden gestemmt. Schließlich konnte ich nicht ahnen, daß seine Mutter darüber stolpern würde, als sie nachts um vier betrunken aus der Bar zurückkam. Offen gestanden, ganz so schlimm finde ich es nicht, auch nicht, daß sie mich rausgeschmissen haben. Gute Kellner werden überall gesucht.

DIETRICH BONHOEFFER (1906–1945)

Von guten Mächten

Von guten Mächten treu und still umgeben,
behütet und getröstet wunderbar,
so will ich diese Tage mit euch leben
und mit euch gehen in ein neues Jahr.

Noch will das alte unsre Herzen quälen,
noch drückt uns böser Tage schwere Last,
ach, Herr, gib unsern aufgeschreckten Seelen
das Heil, für das du uns bereitet hast.

Und reichst du uns den schweren Kelch, den bittern
des Leids, gefüllt bis an den höchsten Rand,
so nehmen wir ihn dankbar ohne Zittern
aus deiner guten und geliebten Hand.

Doch willst du uns noch einmal Freude schenken
an dieser Welt und ihrer Sonne Glanz,
dann wolln wir des Vergangenen gedenken,
und dann gehört dir unser Leben ganz.

Laß warm und still die Kerzen heute flammen,
die du in unsre Dunkelheit gebracht,
führ, wenn es sein kann, wieder uns zusammen.
Wir wissen es, dein Licht scheint in der Nacht.

Wenn sich die Stille nun tief um uns breitet,
so laß uns hören jenen vollen Klang
der Welt, die unsichtbar sich um uns weitet,
all deiner Kinder hohen Lobgesang.

Von guten Mächten wunderbar geborgen,
erwarten wir getrost, was kommen mag.
Gott ist mit uns am Abend und am Morgen
und ganz gewiß an jedem neuen Tag.

WOLFGANG BORCHERT (1921–1947)

Die drei dunklen Könige

Er tappte durch die dunkle Vorstadt. Die Häuser standen abgebrochen gegen den Himmel. Der Mond fehlte und das Pflaster war erschrocken über den späten Schritt. Dann fand er eine alte Planke. Da trat er mit dem Fuß gegen, bis eine Latte morsch aufseufzte und losbrach. Das Holz roch mürbe und süß. Durch die dunkle Vorstadt tappte er zurück. Sterne waren nicht da.

Als er die Tür aufmachte (sie weinte dabei, die Tür), sahen ihm die blassblauen Augen seiner Frau entgegen. Sie kamen aus einem müden Gesicht. Ihr Atem hing weiß im Zimmer, so kalt war es. Er beugte sein knochiges Knie und brach das Holz. Das Holz seufzte. Dann roch es mürbe und süß ringsum. Er hielt sich ein Stück davon unter die Nase. Riecht beinahe wie Kuchen, lachte er leise. Nicht, sagten die Augen der Frau, nicht lachen. Er schläft.

Der Mann legte das süße, mürbe Holz in den kleinen Blechofen. Da glomm es auf und warf eine Handvoll warmes Licht durch das Zimmer. Die fiel hell auf ein winziges rundes Gesicht und blieb einen Augenblick. Das Gesicht war erst eine Stunde alt, aber es hatte schon alles, was dazugehört: Ohren, Nase, Mund und Augen. Die Augen mußten groß sein, das konnte man sehen, obgleich sie zu waren. Aber der Mund war offen und es pustete leise daraus. Nase und Ohren waren rot. Er lebt, dachte die Mutter. Und das kleine Gesicht schlief.

Da sind noch Haferflocken, sagte der Mann. Ja, antwortete die Frau, das ist gut. Es ist kalt. Der Mann nahm noch von dem süßen, weichen Holz. Nun hat sie ihr Kind gekriegt und muß frieren, dachte er. Aber er hatte keinen, dem er dafür die Fäuste ins Gesicht schlagen konnte. Als er die Ofentür aufmachte, fiel wieder eine Handvoll Licht über das schlafende Gesicht. Die Frau sagte leise: Kuck, wie ein Heiligenschein, siehst du? Heiligenschein! dachte er und er hatte keinen, dem er die Fäuste ins Gesicht schlagen konnte.

Dann waren welche an der Tür. Wir sahen das Licht, sagten sie, vom Fenster. Wir wollen uns zehn Minuten hinsetzen.

Aber wir haben ein Kind, sagte der Mann zu ihnen. Da sagten sie nichts weiter, aber sie kamen doch ins Zimmer, stießen Nebel aus den Nasen und hoben die Füße hoch. Wir sind ganz leise, flüsterten sie und hoben die Füße hoch. Dann fiel das Licht auf sie.

Drei waren es. In drei alten Uniformen. Einer hatte einen Pappkarton, einer einen Sack. Und der dritte hatte keine Hände. Erfroren, sagte er, und hielt die Stümpfe hoch. Dann drehte er dem Mann die Manteltaschen hin. Tabak war drin und dünnes Papier. Sie drehten Zigaretten. Aber die Frau sagte: Nicht, das Kind.

Da gingen die vier vor die Tür und ihre Zigaretten waren vier Punkte in der Nacht. Der eine hatte dicke umwickelte Füße. Er nahm ein Stück Holz aus einem Sack. Ein Esel, sagte er, ich habe sieben Monate daran geschnitzt. Für das Kind. Das sagte er und gab es dem Mann. Was ist mit den Füßen? fragte der Mann. Wasser, sagte der Eselschnitzer, vom Hunger. Und der andere, der dritte? fragte der Mann und befühlte im Dunkeln den Esel. Der dritte zitterte in seiner Uniform: Oh, nichts, wisperte er, das sind nur die Nerven. Man hat eben zuviel Angst gehabt. Dann traten sie die Zigaretten aus und gingen wieder hinein.

Sie hoben die Füße hoch und sahen auf das kleine schlafende Gesicht. Der Zitternde nahm aus seinem Pappkarton zwei gelbe Bonbons und sagte dazu: Für die Frau sind die.

Die Frau machte die blassen Augen weit auf, als sie die drei Dunklen über das Kind gebeugt sah. Sie fürchtete sich. Aber da stemmte das Kind seine Beine gegen ihre Brust und schrie so kräftig, dass die drei Dunklen die Füße aufhoben und zur Tür schlichen. Hier nickten sie nochmal, dann stiegen sie in die Nacht hinein.

Der Mann sah ihnen nach. Sonderbare Heilige, sagte er zu seiner Frau. Dann machte er die Tür zu. Schöne Heilige sind das, brummte er und sah nach den Haferflocken. Aber er hatte kein Gesicht für seine Fäuste.

Aber das Kind hat geschrien, flüsterte die Frau, ganz stark hat es geschrien. Da sind sie gegangen. Kuck mal, wie lebendig es ist, sagte sie stolz. Das Gesicht machte den Mund auf und schrie.

Weint er? fragte der Mann.

Nein, ich glaube, er lacht, antwortete die Frau.

Beinahe wie Kuchen, sagte der Mann und roch an dem Holz, wie Kuchen. Ganz süß.

Heute ist ja auch Weihnachten, sagte die Frau.

Ja, Weihnachten, brummte er und vom Ofen her fiel eine Handvoll Licht auf das kleine schlafende Gesicht.

BERTOLT BRECHT (1898–1956)

Das Paket des lieben Gottes

Nehmt eure Stühle und eure Teegläser mit hier hinter an den Ofen, und vergeßt den Rum nicht. Es ist gut, es warm zu haben, wenn man von der Kälte erzählt.

Manche Leute, vor allem eine gewisse Sorte Männer, die etwas gegen Sentimentalität hat, haben eine starke Aversion gegen Weihnachten. Aber zumindest *ein* Weihnachten in meinem Leben ist bei mir wirklich in bester Erinnerung. Das war der Weihnachtsabend 1908 in Chicago.

Ich war anfangs November nach Chicago gekommen, und man sagte mir sofort, als ich mich nach der allgemeinen Lage erkundigte, es würde der härteste Winter werden, den diese ohnehin genügend unangenehme Stadt zustande bringen könnte. Als ich fragte, wie es mit den Chancen für einen Kesselschmied stünde, sagte man mir, Kesselschmiede hätten keine Chance, und als ich eine halbwegs mögliche Schlafstelle suchte, war alles zu teuer für mich. Und das erfuhren in diesem Winter 1908 viele in Chicago, aus allen Berufen.

Und der Wind wehte scheußlich vom Michigan-See herüber durch den ganzen Dezember, und gegen Ende des Monats schlossen auch noch eine Reihe großer Fleischpackereien ihren Betrieb und warfen eine ganze Flut von Arbeitslosen auf die kalten Straßen.

Wir trabten die ganzen Tage durch sämtliche Stadtviertel und suchten verzweifelt nach etwas Arbeit und waren froh, wenn wir am Abend in einem winzigen, mit erschöpften Leuten angefüllten Lokale im Schlachthofviertel unterkommen konnten. Dort hatten wir es wenigstens warm und konnten ruhig sitzen. Und wir saßen, so lange es irgend ging, mit *einem* Glas Whisky, und wir sparten alles den Tag über auf für dieses eine Glas Whisky, in das noch Wärme, Lärm und Kameraden mit einbegriffen waren, all das, was es an Hoffnung für uns noch gab.

Dort saßen wir auch am Weihnachtsabend dieses Jahres, und das Lokal war noch überfüllter als gewöhnlich und der Whisky noch wässriger und das Publikum noch verzweifelter. Es ist einleuchtend, daß weder das Publikum noch der Wirt in Feststimmung geraten, wenn das ganze Problem der Gäste darin besteht, mit einem Glas eine ganze Nacht auszureichen, und das ganze Problem des Wirtes, diejenigen hinauszubringen, die leere Gläser vor sich stehen hatten.

Aber gegen zehn Uhr kamen zwei, drei Burschen herein, die, der Teufel mochte wissen woher, ein paar Dollars in der Tasche hatten, und die luden, weil es doch eben Weihnachten war und Sentimentalität in der Luft lag, das ganze Publikum ein, ein paar Extragläser zu leeren. Fünf Minuten darauf war das ganze Lokal nicht wiederzuerkennen.

Alle holten sich frischen Whisky (und paßten nun ungeheuer genau darauf auf, daß ganz korrekt eingeschenkt wurde), die Tische wurden zusammengerückt, und ein verfroren aussehendes Mädchen wurde gebeten, einen Cakewalk zu tanzen, wobei sämtliche Festteilnehmer mit den Händen den Takt klatschten. Aber was soll ich sagen, der Teufel mochte seine schwarze Hand im Spiel haben, es kam keine rechte Stimmung auf.

Ja, geradezu von Anfang an nahm die Veranstaltung einen direkt bösartigen Charakter an. Ich denke, es war der Zwang, sich beschenken lassen zu müssen, der alle so aufreizte. Die Spender dieser Weihnachtsstimmung wurden nicht mit freundlichen Augen betrachtet. Schon nach den ersten Gläsern des gestifteten Whiskys wurde der Plan gefaßt, eine regelrechte Weihnachtsbescherung, sozusagen ein Unternehmen größeren Stils, vorzunehmen. Da ein Überfluß an Geschenkartikeln nicht vorhanden war, wollte man sich weniger an direkt wertvolle und mehr an solche Geschenke halten, die für die zu Beschenkenden passend waren und vielleicht sogar einen tieferen Sinn hatten.

So schenkten wir dem Wirt einen Kübel mit schmutzigem Schneewasser von draußen, wo es davon gerade genug gab, *damit er mit seinem alten Whisky noch ins neue Jahr hinein ausreichte.* Dem Kellner schenkten wir eine alte, erbrochene Konservenbüchse, *damit er wenigstens ein anständiges Servicestück hätte,* und einem zum Lokal gehörigen Mädchen ein schartiges Taschenmesser, *damit es wenigstens die Schicht Puder vom vergangenen Jahr abkratzen könnte.*

Alle diese Geschenke wurden von den Anwesenden, vielleicht nur die Beschenkten ausgenommen, mit herausforderndem Beifall bedacht. Und dann kam der Hauptspaß.

Es war nämlich unter uns ein Mann, der mußte einen schwachen Punkt haben. Er saß jeden Abend da, und Leute, die sich auf dergleichen verstanden, glaubten mit Sicherheit behaupten zu können, daß er, so gleichgültig er sich auch geben mochte, eine gewisse, unüberwindliche Scheu vor allem, was mit der Polizei zusammenhing, haben mußte. Aber jeder Mensch konnte sehen, daß er in keiner guten Haut steckte.

Für diesen Mann dachten wir uns etwas ganz Besonderes aus. Aus einem alten Adreßbuch rissen wir mit Erlaubnis des Wirtes drei Seiten aus, auf denen lauter Polizeiwachen standen, schlugen sie sorgfältig in eine Zeitung und überreichten das Paket unserm Mann.

Es trat eine große Stille ein, als wir es überreichten. Der Mann nahm das Paket zögernd in die Hand und sah uns mit einem etwas kalkigen Lächeln von unten herauf an. Ich merkte, wie er mit den Fingern das Paket anfühlte, um schon vor dem Öffnen festzustellen, was darin sein könnte. Aber dann machte er es rasch auf.

Und nun geschah etwas sehr Merkwürdiges. Der Mann nestelte eben an der Schnur, mit der das «Geschenk« verschnürt war, als sein Blick, scheinbar abwesend, auf das Zeitungsblatt fiel, in das die interessanten Adreßbuchblätter geschlagen waren. Aber da war sein Blick schon nicht mehr abwesend. Sein ganzer dünner Körper (er war sehr lang) krümmte sich sozusagen um das Zeitungsblatt zusammen, er bückte sein Gesicht tief darauf herunter und las. Niemals, weder vor- noch nachher, habe ich je einen Menschen so lesen sehen. Er verschlang das, was er las, einfach. Und dann schaute er auf. Und wieder habe ich niemals, weder vor- noch nachher, einen Mann so strahlend schauen sehen wie diesen Mann.

»Da lese ich eben in der Zeitung«, sagte er mit einer verrosteten, mühsam ruhigen Stimme, die in lächerlichem Gegensatz zu seinem strahlenden Gesicht stand, »daß die ganze Sache einfach schon lang aufgeklärt ist. Jedermann in Ohio weiß, daß ich mit der ganzen Sache nicht das Geringste zu tun hatte.« Und dann lachte er.

Und wir alle, die erstaunt dabei standen und etwas ganz anderes erwartet hatten und fast nur begriffen, daß der Mann unter irgendeiner Beschuldigung gestanden und inzwischen, wie er eben aus diesem Zeitungsblatt erfahren hatte, rehabilitiert worden war, fingen plötzlich an, aus vollem Halse und fast aus dem Herzen mitzulachen, und dadurch kam ein großer Schwung in unsere Veranstaltung, die gewisse Bitterkeit war überhaupt vergessen, und es wurde ein ausgezeichnetes Weihnachten, das bis zum Morgen dauerte und alle befriedigte.

Und bei dieser allgemeinen Befriedigung spielte es natürlich gar keine Rolle mehr, daß dieses Zeitungsblatt nicht wir ausgesucht hatten, sondern Gott.

BERTOLT BRECHT (1898–1956)

Maria

Die Nacht ihrer ersten Geburt war
Kalt gewesen. In späteren Jahren aber
Vergaß sie gänzlich
Den Frost in den Kummerbalken und rauchenden Ofen
Und das Würgen der Nachgeburt gegen Morgen zu.
Aber vor allem vergaß sie die bittere Scham
Nicht allein zu sein
Die dem Armen eigen ist.
Hauptsächlich deshalb
Ward es in späteren Jahren zum Fest, bei dem
Alles dabei war.
Das rohe Geschwätz der Hirten verstummte.
Später wurden aus ihnen Könige in der Geschichte.
Der Wind, der sehr kalt war
Wurde zum Engelsgesang.
Ja, von dem Loch im Dach, das den Frost einließ, blieb nur
Der Stern, der hineinsah.
Alles dies
Kam vom Gesicht ihres Sohnes, der leicht war
Gesang liebte
Arme zu sich lud
Und die Gewohnheit hatte, unter Königen zu leben
Und einen Stern über sich zu sehen zur Nachtzeit.

BERTOLT BRECHT (1898–1956)

Die gute Nacht

Der Tag, vor dem der große Christ
zur Welt geboren worden ist
war hart und wüst und ohne Vernunft.
Seine Eltern, ohne Unterkunft
fürchteten sich vor seiner Geburt
die gegen Abend erwartet wurd.
Denn seine Geburt fiel in die kalte Zeit.
Aber sie verlief zur Zufriedenheit.
Der Stall, den sie doch noch gefunden hatten
war warm und mit Moos zwischen seinen Latten
und mit Kreide war auf die Tür gemalt
daß der Stall bewohnt war und bezahlt.
So wurde es doch noch eine gute Nacht
Auch das Heu war wärmer, als sie gedacht.
Ochs und Esel waren dabei
damit alles in der Ordnung sei.
Eine Krippe gab einen kleinen Tisch
und der Hausknecht brachte ihnen heimlich einen Fisch.
(Denn es mußte bei der Geburt des großen Christ
alles heimlich gehen und mit List.)
Doch der Fisch war ausgezeichnet und reichte durchaus
und Maria lachte ihren Mann wegen seiner Besorgnis aus
denn am Abend legte sich sogar der Wind

und war nicht mehr so kalt, wie die Winde sonst sind.
Aber bei Nacht war er fast wie ein Föhn.
Und der Stall war warm und das Kind war sehr schön.
Und es fehlte schon fast gar nichts mehr
da kamen auch noch die Dreikönig daher!
Maria und Joseph waren zufrieden sehr.
Sie legten sich sehr zufrieden zum Ruhn
mehr konnte die Welt für den Christ nicht tun.

BERTOLT BRECHT   (1898–1956)

Friedenslied
(Frei nach Neruda)

Friede auf unserer Erde!
Friede auf unserem Feld!
Daß es auch immer gehöre
Dem, der es gut bestellt!

Friede in unserem Lande!
Friede in unserer Stadt!
Daß sie den gut behause
Der sie gebauet hat!

Friede in unserem Hause!
Friede im Haus nebenan!
Friede dem friedlichen Nachbarn
Daß jedes gedeihen kann!

Friede dem Roten Platze!
Und dem Lincolnmonument
und dem Brandenburger Tore
Und der Fahne, die drauf brennt!

Friede den Kindern Koreas!
Und den Kumpels an Neiße und Ruhr!
Friede den New Yorker Schoffören
Und den Kulis von Singapore!

Friede den deutschen Bauern!
Und den Bauern im Großen Banat!
Friede den guten Gelehrten
Eurer Stadt Leningrad!

Friede der Frau und dem Manne!
Friede dem Greis und dem Kind!
Friede der See und dem Lande
Daß sie uns günstig sind!

BERTOLT BRECHT (1898–1956)

Vom Glück des Gebens

Höchstes Glück ist doch, zu spenden
Denen, die es schwerer haben
Und beschwingt, mit frohen Händen
Auszustreun die schönen Gaben.

Schöner ist doch keine Rose
Als das Antlitz des Beschenkten
Wenn gefüllet sich, o große
Freude, seine Hände senkten.

Nichts macht doch so gänzlich heiter
Als zu helfen allen, allen!
Geb ich, was ich hab, nicht weiter
Kann es mir doch nicht gefallen.

WILHELM BUSCH (1832–1908)

Der Stern

Hätt einer auch fast mehr Verstand
Als wie die drei Weisen aus Morgenland
Und ließe sich dünken, er wär wohl nie
Dem Sternlein nachgereist wie sie;
Dennoch, wenn nun das Weihnachtsfest
Seine Lichtlein wonniglich scheinen läßt,
Fällt auch auf sein verständig Gesicht,
Er mag es merken oder nicht,
Ein freundlicher Strahl
Des Wundersternes von dazumal.

DINO BUZZATI (1906–1972)

Weihnachtsgeschichte

Düster und spitzbögig der alte bischöfliche Palast, salpeterdurchtränkt die Mauern. Dort zu weilen ist in den Winternächten eine Strafe. Die anliegende Kathedrale ist ungeheuer groß, ein Leben genügt nicht, sie völlig kennenzulernen, und sie besteht aus einem solchen Knäuel von Kapellen und Sakristeien, daß selbst nach Jahrhunderten der Benutzung einige von ihnen fast unbemerkt geblieben sind. Was tut am Weihnachtsabend – so fragte man sich – der abgezehrte Erzbischof so ganz allein, während die Stadt das Fest begeht? Wie kann er sich der Melancholie erwehren? Alle haben einen Trost: Der Knabe hat den Zug und den Hampelmann, das Schwesterchen hat die Puppe, die Mutter hat die Kinder um sich, der Kranke eine neue Hoffnung, der alte Junggeselle die Gesellschaft des Freundes, der Gefangene die Stimme eines anderen aus der benachbarten Zelle. Don Valentino, der pflichteifrige Sekretär des Erzbischofs, lächelte, wenn er die Leute so sprechen hörte. Der Erzbischof hat am Weihnachtsabend Gott. Kniend, mutterseelenallein inmitten der kalten, leeren Kirche, auf den ersten Blick könnte es einem leid tun, aber wenn man wüßte! er ist nicht allein, er ist auch nicht kalt und fühlt sich nicht verlassen. Gott ist, für den Erzbischof, am Heiligenabend über alle Ufer getreten, die Kirchenschiffe sind von ihm buchstäblich überschwemmt, so sehr, daß die Türen Mühe haben, ihn eingeschlossen zu halten, und wenn auch Öfen fehlen, ist es doch so warm, daß die weißen Nattern in den Särgen der historischen Äbte erwachen, durch die

Luftlöcher der Kellergeschosse hochsteigen und von den Balustraden der Beichtstühle freundlich den Kopf vorstrecken.

So an diesem Abend der Dom, überströmend von Gott. Und obwohl er wußte, daß es ihm nicht zustand, hielt sich Don Valentino besonders gern damit auf, das Betpult herzurichten. Wie hätten sich damit Weihnachtsbaum, Truthahn und Champagner vergleichen können. Das tat er auch an diesem Weihnachtsabend, als er, mit solchen Gedanken beschäftigt, an ein Portal des Domes klopfen hörte. »Wer klopft an den Türen des Domes«, fragte sich Don Valentino, »am Heiligabend? Haben sie noch nicht genug gebetet? Von welcher Ungeduld sind sie besessen?« Und so mit sich sprechend, ging er, um zu öffnen, und mit einem Windstoß trat ein armer, in Lumpen gehüllter Mann ein.

»Welche Überfülle von Gott!« rief der sich umschauend aus. »Wie schön! Man fühlt ihn sogar von draußen. Monsignore, könnten Sie mir nicht ein wenig von ihm abtreten? Bedenken Sie, es ist Weihnachtsabend.«

»Er gehört seiner Exzellenz, dem Erzbischof«, antwortete der Geistliche. »Er gebraucht ihn in einigen Stunden. Seine Exzellenz führt bereits das Leben eines Heiligen. Ihr dürft wirklich nicht erwarten, daß er jetzt auch noch auf Gott verzichtet. Und außerdem bin ich nie ein Monsignore gewesen.«

»Nicht einmal ganz wenig, Reverendo? So viel von ihm gibt es hier! Seine Exzellenz würde es nicht einmal merken!«

»Ich habe nein gesagt...Du kannst gehen...Der Dom ist für das Publikum geschlossen«, verabschiedete er den Armen mit einem Fünf-Lire-Schein.

Aber als der Unglückliche den Dom verließ, verschwand gleichzeitig auch Gott. Bestürzt schaute Don Valentino umher, richtete den Blick hinauf zu den finsteren Gewölben: nicht einmal dort oben war Gott. Die ganze großartige Zurschaustellung von Säulen, Altären, Katafalken, Armleuchtern, Wanddrapierungen, sonst so geheimnisvoll und mächtig, war plötzlich ungastlich und unheilvoll geworden. Und in ein paar Stunden würde der Erzbischof herabkommen. Erregt öffnete Don Valentino ein wenig eine der Außentüren und schaute auf den Platz hinaus. Nichts. auch draußen keine Spur von Gott, obwohl es Weihnachtsabend war. Aus tausend erleuchteten Fenstern drang das Echo von Gelächter, Gläsergeklirr, Musik und sogar von Verwünschungen. Nicht Glocken, nicht Gesang.

Don Valentino ging in die Nacht hinaus, er durchschritt die vom Lärm ausgelassener Festmahle erfüllten Straßen der Stadt. Doch kannte er die richtige Adresse. Als er das Haus betrat, setzte sich die befreundete Familie gerade zu Tisch. Alle schauten sich freundlich an, und um sie herum war ein wenig von Gott.

»Fröhliche Weihnachten, Reverendo«, sagte der Familienvater. »Dürfen wir Sie einladen?«

»Ich bin in Eile, Freunde«, erwiderte er. »Wegen meiner Unachtsamkeit hat Gott den Dom verlassen, und seine Exzellenz kommt in kurzer Zeit, um zu beten. Könnt ihr mir nicht den Euren geben? Ihr habt ihn nicht so sehr nötig, da ihr in Gesellschaft seid.«

»Mein lieber Don Valentino«, sagte der Vater. »Sie vergessen, möchte ich meinen, daß heute Heiligabend ist. Gerade heute sollten meine Kinder Gottes weniger bedürftig sein? Ich muß mich wundern, Don Valentino.«

Im gleichen Augenblick, in dem der Mann dies sagte, glitt Gott aus dem Zimmer. Das fröhliche Lächeln erlosch, und der gebratene Kapaun fühlte sich zwischen den Zähnen wie Sand an.

Von neuem weiter durch die Nacht, durch verlassene Straßen. Weit mußte Don Valentino gehen, bis er ihn schließlich wiedersah. Er war an den Toren der Stadt angelangt, und vor ihm dehnte sich im Dunkel das Land aus, ein wenig erhellt vom Schimmer des Schnees. und über den Wiesen und den Reihen der Maulbeerbäume wogte Gott, wie wenn er ihn erwarte. Don Valentino fiel nieder auf die Knie.

»Aber was tun Sie da, Reverendo«, fragte ihn ein Bauer. »Wollen Sie sich in dieser Kälte eine Krankheit holen?«

»Sieh dorthin, mein Sohn, siehst du nichts?«

Der Bauer schaute ohne Staunen. »Er gehört uns«, sagte er. »Jedesmal zu Weihnachten kommt er und segnet unsere Felder.«

»Hör zu«, sagte der Geistliche. »Könntest du mir nicht ein wenig von ihm geben? In der Stadt sind wir ohne ihn geblieben, sogar die Kirchen sind leer. Gib mir ein wenig ab, damit wenigstens der Erzbischof ein angemessenes Weihnachten verleben kann.«

»Aber nicht einmal im Traum, mein lieber Reverendo! Wer weiß, was für ekelhafte Sünden ihr in eurer Stadt begangen habt. Eure Schuld. Seht zu, wie ihr fertigwerdet.«

»Gewiß hat man gesündigt. Wer sündigt nicht? Aber du kannst viele Seelen retten, mein Sohn, wenn du ja sagst.«

»Ich habe gerade genug damit zu tun, die meine zu retten«, lachte der Bauer auf, und im gleichen Augenblick, in dem er dies sagte, erhob sich Gott von seinen Feldern und entschwand im Dunkel. Immer weiter noch ging er suchend. Gott schien sich immer rarer zu machen, und wer ein wenig von ihm besaß, wollte es nicht abtreten (aber sobald er nein sagte, verschwand gleichzeitig Gott, der sich immer weiter entfernte).

Und nun war Don Valentino am Rande einer großen Heide angelangt, und im Hintergrund, gerade am Horizont, leuchtete Gott in sanftem Lichte, wie eine längliche Wolke. Der arme Geistliche warf sich auf die Knie nieder in den Schnee. »Warte auf mich, o

Herr«, flehte er, »durch meine Schuld ist der Erzbischof allein geblieben, und heute Abend ist Weihnachten.«

Er hatte eiskalte Füße, machte sich im Nebel auf den Weg, versank bis zu die Knien, stürzte von Zeit zu Zeit langhingestreckt zu Boden. Wie lange noch würde er aushalten müssen?

Bis er einen feierlich getragenen Chorgesang hörte, Engelsstimmen, ein Lichtstrahl drang durch den Nebel. Er öffnete eine kleine Holztür und befand sich in einer gewaltig großen Kirche, in deren Mitte beim Schein weniger kleiner Lichter ein Geistlicher betete. und die Kirche war voll des Paradieses.

»Bruder«, stöhnte Don Valentino, am Ende der Kräfte, vom Bart hingen ihm Eiszapfen herab, »hab Mitleid mit mir. Mein Erzbischof ist durch meine Schuld allein geblieben und hat Gott nötig. Gib mir ein wenig von ihm, ich bitte dich.«

Langsam drehte sich der Betende um. Und Don Valentino, ihn erkennend, erblaßte noch mehr, wenn dies überhaupt möglich war.

»Frohe Weihnacht, Don Valentino!« rief der Erzbischof ihm entgegentretend aus, ganz von Gott umgeben. »Verwünschter Junge, wo hast du dich nur herumgetrieben? Darf man wissen, was du bei diesem Hundewetter draußen zu suchen hattest?«

C

Ingo Cesaro
Matthias Claudius

INGO CESARO (*1941)

Weihnachtsfriede

bei der Vernehmung
erzählte der Jugendliche
dem Richter
daß er sich an ein Weihnachten
erinnern könne
ohne Schläge

weil sein Vater
so betrunken war
daß er im Flur
hinstürzte und dort
zwei Tage und
zwei Nächte schlief

und erst nach den Feiertagen
wieder fähig war
zu prügeln.

MATTHIAS CLAUDIUS (1740–1815)

Aus der »Weihnacht-Kantilene«

Vor Gott geht's göttlich her,
Und nicht nach Stand und Würden.
Herodem läßt er leer
   Mit seinem ganzen Heer;
Und Hirten auf dem Felde bei den Hürden
   Erwählet er.

Sie saßen da und hüteten im Dunkeln ihre Herde
   Mit unbefangnem frommen Sinn;
Da stand vor ihnen, an der Erde,
   Der Engel Gottes... und trat zu ihnen hin,
Und sie umleuchtete des *Herren* Klarheit,
Und er sagte ihnen die Wahrheit.

Und eilend auf sie standen,
   Gen Bethlehem zu gehn;
Und kamen hin und fanden,
Ohn weiters zu verstehn,
Mirjam und Joseph beide,
Und in der Krippen lag, zu ihrer großen Freude,
   In seinem Windelkleide
     Auf Grummet von der Weide
Der Knabe wunderschön.

D

Richard Dehmel
Ingeborg Drewitz
Annette von Droste-Hülshoff

RICHARD DEHMEL (1863–1920)

Weihnachtsglocken

Tauchet, heil'ge Klänge, wieder
ganz in meinen Glauben mich!
Quellet, quellt, ihr alten Lieder:
füllet ganz mit Reinheit mich!

daß ich in die Kniee fallen,
Ein Mal wieder beten kann,
Ein Mal wie ein Kind noch lallen
und die Hände falten kann!

Denn ich fühl's: die Liebe lebet,
die in Ihm geboren worden,
ob sie gleich in Rätseln schwebet,
ob gleich Er gekreuzigt worden;

denn ich sehe fromm sie werden –
heute, Ewig fromm – die Menschen,
wenn es klinget: Fried' auf Erden
und ein Wohlgefall'n den Menschen!

INGEBORG DREWITZ (1923–1986)

Barbaratag

Am Barbaratag Kirschzweige schneiden, damit sie am 24. Dezember blühen – in meiner Kindheit habe ich davon nichts gewußt. Noch immer habe ich nicht die Ursache der völligen Abwendung von traditionellen Bräuchen in meiner Familie ergründen können, kann nur vermuten, daß die Zuwandererfamilien meiner Voreltern durch die Armut, die sie gekannt hatten, durch ihre flüchtige Berührung mit dem Sozialismus, durch die Viertelbildung, die sie sich neben der Arbeit erschlossen haben, jene Scheu in sich hatten aufkommen lassen, die sie jeder Gefühlsäußerung gegenüber hatten. Vielleicht war es auch die Scheu, irgend, was auf ländliche Herkunft hätte schließen lassen, auch nur zu erinnern.

So habe ich erst als Erwachsene von dem schönen Brauch gehört und ihn mit meinen Kindern zusammen wieder aufgenommen. Ich seh' uns bei Schneegestöber nach Kirschbäumen in den Laubengärten suchen, überhängende Zweige ausmachen, um sie bei einbrechender Dunkelheit gleich zu finden, noch ehe der Haupteingang der Laubenkolonie abgeschlossen würde. Ich seh' mich mit den Zweigen unterm Mantel heimkommen, die Kinder in die Küche holen, ihnen die Anschnitte zeigen, ihre Finger die Feuchte spüren lassen, den Saftdruck, der im November einsetzt, ich seh' uns die Zweige ordnen, die Knospen zählen. Und wie wir das zögernde Anschwellen der Knospen beobachten von Tag zu Tag. Ein bißchen schlechtes Gewissen war schon dabei, aber ich hatte nachgelesen, daß das Obst geschnitten werden muß. Über die heilige Barbara hatte ich nichts nachgelesen. Es genügte uns das Wunder des Erblühens, Jahr für Jahr. Mal schnitt ich die Zweige bei schneidender Kälte, mal bei Regen. Und im Aprilmai prüften wir auf unseren Spaziergängen, ob die Kirschbäume uns nichts nachtrugen. Und im Juli gingen wir in die Laubenkolonie, um Kirschen zu kaufen. »Wenn Sie wollen, können Sie im Dezember rings um den Baum schneiden. Was draußen überhängt, ist doch so zufällig!« Ich sah den Mann an, der seine Kirschen in Spankörben ausgestellt hatte. Der hatte mich also doch beobachtet.

»Na, wer'n Se man nich rot, junge Frau. Klar kenn ich Sie. Komm' Se ruhig über Tag, wenn wieder Dezember is.«

Gegen so viel Freundlichkeit brauchte ich keine Ausrede. Und die wäre mir auch gar nicht eingefallen. Der Mann hängte den Kindern Kirschen über die Ohren. Und im Dezember sind wir alle hingegangen. Die Laube war überheizt, in die er uns einlud, und Holzgeschnitztes hatte er für die Kinder, auch Pfefferkuchen. »Ich bin Witwer«, sagte er. »Und meine Jungs, na ja, die war'n so etwa Ihr Jahrgang. Darum bin ich allein.« Er zeigte uns den Komposthaufen; und daß da ein Igel überwinterte, machte die Kinder neugierig. Aber das ginge nicht, den stören. »Kommt im Frühjahr, wenn so'n richtiger warmer Sonnentag ist. Da schlabbert er die Milch aus der Schüssel.«

Wir haben ihn immer wieder besucht im Junijuli und am 4. Dezember und im Frühjahr, bis die Laubenkolonie aufgelassen wurde und die Bagger sich ins Gelände fraßen. Da ist denn auch der Kirschbaum, den er aufgepfropft hatte, um ihn zu veredeln, mit in die Greifer geraten. Wir haben dem Mann noch geholfen, den eisernen Ofen auf den Handwagen zu heben. Wir haben dann nie mehr von ihm gehört, obwohl er eine Postkarte versprochen hatte »aus'm Westen, wenn ich erst wieder 'n Kirschbaum hab«.

ANNETTE VON DROSTE-HÜLSHOFF (1797–1848)

Am letzten Tag des Jahres

Das Jahr geht um,
Der Faden rollt sich sausend ab.
Ein Stündchen noch, das letzte heut',
Und stäubend rieselt in sein Grab,
Was einstens war lebend'ge Zeit.
Ich harre stumm.

's ist tiefe Nacht!
Ob wohl ein Auge offen noch?
In diesen Mauern rüttelt dein
Verrinnen, Zeit! Mir schauert; doch
Es will die letzte Stunde sein
Einsam durchwacht.

Gesehen all,
Was ich begangen und gedacht;
Was mir aus Haupt und Herzen stieg,
Das steht nun eine ernste Wacht
Am Himmelstor. O halber Sieg!
O schwerer Fall!

Wie reißt der Wind
Am Fensterkreuze! Ja, es will
Auf Sturmesfittichen das Jahr
Zerstäuben, nicht ein Schatten still
Verhauchen unterm Sternenklar.
Du Sündenkind!

War nicht ein hohl
Und heimlich Sausen jeden Tag
In deiner wüsten Brust Verlies,
Wo langsam Stein an Stein zerbrach,
Wenn es den kalten Odem stieß
Vom starren Pol?

Mein Lämpchen will
Verlöschen, und begierig saugt
Der Docht den letzten Tropfen Öl.
Ist so mein Leben auch verraucht?
Eröffnet sich des Grabes Höhl'
Mir schwarz und still?

Wohl in dem Kreis,
Den dieses Jahres Lauf umzieht,
Mein Leben bricht. Ich wußt' es lang,
Und dennoch hat dies Herz geglüht
In eitler Leidenschaften Drang.
Mir brüht der Schweiß

Der tiefsten Angst
Auf Stirn und Hand. Wie! dämmert feucht
Ein Stern dort durch die Wolken nicht?
Wär' es der Liebe Stern vielleicht
Dir zürnend mit dem trüben Licht,
Daß du so bangst?

Horch, welch Gesumm?
Und wieder? Sterbemelodie!
Die Glocke regt den ehrnen Mund.
O Herr, ich falle auf das Knie:
Sei gnädig meiner letzten Stund'!
Das Jahr ist um!

E

Joseph von Eichendorff
Heinz Erhardt
Richard Exner

JOSEPH VON EICHENDORFF   (1788–1857)

Weihnachten

Markt und Straßen stehn verlassen,
Still erleuchtet jedes Haus,
Sinnend geh ich durch die Gassen,
Alles sieht so festlich aus.

An den Fenstern haben Frauen
Buntes Spielzeug fromm geschmückt,
Tausend Kindlein stehn und schauen,
Sind so wunderstill beglückt.

Und ich wandre aus den Mauern
Bis hinaus ins freie Feld,
Hehres Glänzen, heilges Schauern!
Wie so weit und still die Welt!

Sterne hoch die Kreise schlingen,
Aus des Schnees Einsamkeit
Steigts wie wunderbares Singen –
O du gnadenreiche Zeit!

JOSEPH VON EICHENDORFF (1788–1857)

Mariä Sehnsucht

Es ging Maria in den Morgen hinein,
Tat die Erd einen lichten Liebesschein,
Und über die fröhlichen, grünen Höhn,
Sah sie den bläulichen Himmel stehn.
»Ach, hätt ich ein Brautkleid von Himmelsschein,
Zwei goldene Flüglein – wie flög ich hinein!« –

Es ging Maria in stiller Nacht,
Die Erde schlief, der Himmel wacht',
Und durchs Herze, wie sie ging und sann und dacht,
Zogen die Sterne mit goldener Pracht.
»Ach, hätt ich das Brautkleid von Himmelsschein,
Und goldene Sterne gewoben drein!«

Es ging Maria im Garten allein,
Da sangen so lockend bunt' Vögelein,
Und Rosen sah sie im Grünen stehn,
Viel rote und weiße so wunderschön.
»Ach, hätt ich ein Knäblein, so weiß und rot,
Wie wollt ich's liebhaben bis in den Tod!«

Nun ist wohl das Brautkleid gewoben gar,
Und goldene Sterne im dunkelen Haar,
Und im Arme die Jungfrau das Knäblein hält,
Hoch über der dunkelerbrausenden Welt,
Und vom Kindlein gehet ein Glänzen aus,
Das ruft uns nur ewig: nach Haus, nach Haus!

HEINZ ERHARDT (1909–1979)

Die Weihnachtsgans

Tiefgefroren in der Truhe
liegt die Gans aus Dänemark.
Vorläufig läßt man in Ruhe
sie in ihrem weißen Sarg.

Ohne Bein, Kopf und Gekröse
ruht sie neben dem Spinat.
Ob sie wohl ein wenig böse
ist, daß man sie schlachten tat?

Oder ist es doch zu kalt ihr?
Man sieht's an der Gänsehaut…
Nun, sie wird bestimmt nicht alt hier:
morgen wird sie aufgetaut.

Hm, welch Duft zieht aus dem Herde
durch die ganze Wohnung dann!
Macht, daß gut der Braten werde,
morgen kommt der Weihnachtsmann!

RICHARD EXNER   (1929–2008)

Adventsbrief
(An das Kind das kommen soll)

I
Grüß dich, erschrick nicht, gestorben
wird immer, es war auch wieder Krieg,
wir planen das heutzutage nach dem
Kalender, Du siehst ja, wie es ausging:
Für die Betroffenen das übliche Welt-
Ende und Konfetti-Paraden, Leichen-
säcke, und an den Ländergrenzen Flücht-
linge, Flüchtlinge: *ex oriente lux*,
ave, unser Jahrhundert läuft aus

II
Komm, so sehr verheißenes Kind,
wir haben unterm Jahr wieder vergessen,
wie man empfängt. Inwendig. Komm
ruhig zur halben Nacht, ehe uns
morgens die Angst austritt... Komm,
vielleicht lassen sie Dich gar
nicht durch, verkleide Dich lieber,
kleines Stück Stern

III
Komm unerwarteter denn je. Daß
es Dich gibt! Für uns und immer
wieder. Ja, wir wissen, Du
bleibst nicht, Du verläßt uns
und stirbst. Im Sand, im Feuer,
auf einem Stück Holz. Aber Du
warst da. Warst da, bis in die
Augen, bis in den Mund. Bei uns.
Dagewesensein: der Tod nimmt
Dich in Kauf. Nur so kommt
ein neues Jahr.

F

Wolfgang Fietkau
Theodor Fontane
Gustav Freytag
Erich Fried

WOLFGANG FIETKAU (1935–2014)

Ein Mensch geboren

Ein Mensch geboren,
der Stimmen hört,
der müde wird
und Hunger hat.

Ein Mensch geboren,
der sprechen kann,
der Freunde sucht
und Feinde hat.

Ein Mensch geboren,
der Leute kennt,
der leben will,
Probleme hat.

Ein Mensch geboren,
der sterben soll,
an seiner Stätte
und anstatt.

THEODOR FONTANE (1819–1898)

Noch ist Herbst nicht ganz entflohn

Noch ist Herbst nicht ganz entflohn,
Aber als Knecht Ruprecht schon
Kommt der Winter hergeschritten,
Und alsbald aus Schnee'es Mitten
Klingt des Schlittenglöckleins Ton.

Und was jüngst noch, fern und nah,
Bunt auf uns herniedersah,
Weiß sind Türme, Dächer, Zweige,
Und das Jahr geht auf die Neige,
Und das schönste Fest ist da.

Tag du der Geburt des Herrn,
Heute bist du uns noch fern,
Aber Tannen, Engel, Fahnen
Lassen uns den Tag schon ahnen,
Und wir sehen schon den Stern.

THEODOR FONTANE (1819–1898)

Zum 24. Dezember 1890

Noch einmal ein Weihnachtsfest.
Immer kleiner wird der Rest,
Aber nehm' ich so die Summe,
Alles Grade, alles Krumme,
Alles Falsche, alles Rechte,
Alles Gute, alles Schlechte –
Rechnet sich aus all dem Braus
Doch ein richtig' Leben 'raus.
Und dies können ist das Beste
Wohl bei diesem Weihnachtsfeste.

GUSTAV FREYTAG (1816–1895)

Weihnachtskrippen

Viele Wochen vor Weihnachten sind die Knaben in emsiger Tätigkeit, denn als ein Hauptschmuck des Festes wird nach Landesbrauch das Krippel aufgestellt, Bilder der Krippe, in der das Kindlein liegt, mit Maria und Joseph, den heiligen drei Königen, den anbetenden Hirten mit ihren Schafen und darüber der glitzernde Stern und Engel, welche auf einem Papierstreifen die Worte halten: »Gloria in excelsis«. Die Figuren kauften die Kleinen auf Bilderbogen, schnitten sie mit der Schere aus und klebten ein flaches Hölzlein mit Spitze dahinter, damit die Bilder in weicher Unterlage hafteten. Der heiligen Familie aber, dem Ochsen und Eselein wurde ein Papphaus mit offener Vorderseite verfertigt, auf dem Dach Strohhalme in Reihen befestigt, der Stern war von Flittergold. Das Waldmoos zu dem Teppiche, in welchen die Figuren gesteckt wurden, durften wir aus dem Stadtwald holen, dorthin zog an einem hellen Wintertage die Mutter mit den Kindern, begleitet von einem Manne, der auf einer Radeber den Korb für das Moos fuhr. Es war zuweilen kalt und die Schneekristalle hingen am Moose, aber mit heißem Sammeleifer wurden die Polster an den Waldrändern abgelöst und im Korbe geschichtet, daheim auf einem großen Tisch zusammengefügt und an zwei Ecken zu kleinen Bergen erhöht. In der Mitte des Hintergrundes stand die Hütte, über ihr schwebte an feinem Drahte der Stern, auf den beiden Seiten hatten die Hirten und Herden mit den Engeln zu verweilen. Die ganze Figurenpracht wurde durch kleine Wachslichter erleuchtet, welche am Weihnachtsabend zum erstenmal angesteckt wurden. Wenn die Lichter brannten und die Engel sich bei leichter Berührung wie lebendig bewegten, dann hatten die Kinder zum erstenmal das selige Gefühl, etwas Schönes verfertigt zu haben. Während des Festes wurden dann ähnliche Arbeiten kleiner und erwachsener Künstler besehen, denn fast in jedem Haushalt stand ein Krippel, und mancher wackere Bürger benutzte seine Werkstatt, um dasselbe durch mechanische Erfindungen zu verschönen; man sah auf den Bergen große Windmühlen, deren Flügel durch rollenden Sand eine Zeitlang getrieben wurden, oder ein Bergwerk mit Grubeneinfahrt, in welchem Eimer auf und ab gingen, und häufig stand ganz im Vordergrund ein schwarz und weiß gestrichenes Schilderhaus mit rotem Dach und davor die preußische Schildwache. Aber diese Zusätze waren dem Knaben niemals nach dem Herzen, er hatte die dunkle Empfindung, dass sie sich mit den Engeln und den heiligen drei Königen nicht recht vertragen wollten.

ERICH FRIED   (1921–1988)

Weihnachtslied

Eine Streu von Stroh
Eine Wand von Wind
Eine Woge als Wiege
Ein Kind

Ein Schwamm voll Essig
Eine Kammer voll Gas
Eine Waage am Wege
Eine Grube im Gras

Eine Gasse voll Dirnen
Eine Gosse voll Wut
Eine Stirne voll Dornen
Eine Mutter voll Blut

Eine Streu von Stroh
Eine Wand von Wind
Eine Woge als Wiege
Ein Kind

G

Paul Gerhardt
Robert Gernhardt
Albrecht Goes
Johann Wolfgang von Goethe
Günter Grass
Andreas Gryphius

PAUL GERHARDT (1606–1676)

Fröhlich soll mein Herze springen

Fröhlich soll mein Herze springen
    Dieser Zeit,
      Da vor Freud
   Alle Engel singen.
Hört, hört, wie mit vollen Choren
    Alle Luft
     Laute ruft:
  Christus ist geboren.

Heute geht aus seiner Kammer
    Gottes Held,
     Der die Welt
   Reißt aus allem Jammer.
Gott wird Mensch, dir Mensch zugute;
    Gottes Kind,
     Das verbind't
  Sich mit unserm Blute.

Sollt uns Gott nun können hassen,
    Der uns gibt,
     Was er liebt
   Über alle Maßen?

Gott gibt, unserm Leid zu wehren,
    Seinen Sohn
    Aus dem Thron
  Seiner Macht und Ehren.

Sollte von uns sein gekehret,
    Der sein Reich
    Und zugleich
  Sich selbst uns verehret?
Sollt uns Gottes Sohn nicht lieben
    Der jetzt kömmt,
    Von uns nimmt,
  Was uns will betrüben?

Hätte für der Menschen Orden
    Unser Heil
    Einen Greul,
  Wär er nicht Mensch worden;
Hätt er Lust zu unserm Schaden,
    Ei, so würd
    Unsre Bürd
  Er nicht auf sich laden.

Er nimmt auf sich, was auf Erden
    Wir getan,
    Gibt sich an,
  Unser Lamm zu werden,
Unser Lamm, das für uns stirbet
    Und bei Gott
    Für den Tod
  Gnad und Fried erwirbet.

Nun er liegt in seiner Krippen,
    Ruft zu sich
    Mich und dich,
Spricht mit süßen Lippen:
Lasset fahrn, o lieben Brüder,
    Was euch quält,
    Was euch fehlt;
Ich bring alles wieder.

Ei, so kommt und laßt uns laufen;
    Stellt euch ein,
    Groß und klein,
Eilt mit großen Haufen;
Liebt den, der vor Liebe brennet,
    Schaut den Stern,
    Der euch gern
Licht und Labsal gönnet.

Die ihr schwebt in großem Leiden,
    Sehet, hier
    Ist die Tür
Zu der wahren Freuden.
Faßt ihn wohl, er wird euch führen
    An den Ort,
    Da hinfort
Euch kein Kreuz wird rühren.

Wer sich fühlt beschwert im Herzen,
    Wer empfind't
    Seine Sünd
Und Gewissensschmerzen,

Sei getrost, hier wird gefunden,
    Der in Eil
    Machet heil
Die vergift'ten Wunden.

Die ihr arm seid und elende,
    Kommt herbei,
    Füllet frei
Eures Glaubens Hände!
Hier sind alle guten Gaben
    Und das Gold,
    Da ihr sollt
Euer Herz mit laben.

Süßes Heil, laß dich umfangen,
    Laß mich dir,
    Meine Zier,
Unverrückt anhangen.
Du bist meines Lebens Leben;
    Nun kann ich
    Mich durch dich
Wohl zufrieden geben.

Meine Schuld kann mich nicht drücken,
    Denn du hast
    Meine Last
All auf deinem Rücken.
Kein Fleck ist an mir zu finden,
    Ich bin gar
    Rein und klar
Aller meiner Sünden.

Ich bin rein um deinetwillen,
    Du gibst gnug
    Ehr und Schmuck,
  Mich darein zu hüllen.
Ich will dich ins Herze schließen;
    O mein Ruhm.
    Edle Blum,
  Laß dich recht genießen.

Ich will dich mit Fleiß bewahren,
    Ich will dir
    Leben hier,
  Dir will ich abfahren.
Mit dir will ich endlich schweben
    Voller Freud,
    Ohne Zeit
  Dort im andern Leben.

ROBERT GERNHARDT (1937–2006)

Die Falle

Da Herr Lemm, der ein reicher Mann war, seinen beiden Kindern zum Christfest eine besondere Freude machen wollte, rief er Anfang Dezember beim Studentenwerk an und erkundigte sich, ob es stimme, daß die Organisation zum Weihnachtsfest Weihnachtsmänner vermittle. Ja, das habe seine Richtigkeit. Studenten stünden dafür bereit, 25 DM koste eine Bescherung, die Kostüme brächten die Studenten mit, die Geschenke müßte der Hausherr natürlich selbst stellen. »Versteht sich, versteht sich«, sagte Herr Lemm, gab die Adresse seiner Villa in Berlin-Dahlem an und bestellte einen Weihnachtsmann für den 24. Dezember um 18 Uhr. Seine Kinder seien noch klein, und da sei es nicht gut, sie allzu lange auf die Bescherung warten zu lassen.

Der bestellte Weihnachtsmann kam pünktlich. Es war ein Student mit schwarzem Vollbart, unter dem Arm trug er ein Paket.

»Wollen Sie so auftreten?« fragte Herr Lemm.

»Nein« antwortete der Student, »da kommt natürlich noch ein weißer Bart drüber. Kann ich mich hier irgendwo umziehen?«

Er wurde in die Küche geschickt. »Da stehen aber leckere Sachen«, sagte er und deutete auf die kalten Platten, die auf dem Küchentisch standen. »Nach der Bescherung, wenn die Kinder im Bett sind, wollen noch Geschäftsfreunde meines Mannes vorbeischauen«, erwiderte die Hausfrau. »Daher eilt es etwas. Könnten Sie bald anfangen?«

Der Student war schnell umgezogen. Er hatte jetzt einen roten Mantel mit roter Kapuze an und band einen weißen Bart um.

»Und nun zu den Geschenken«, sagte Herr Lemm. »Diese Sachen sind für den Jungen, Thomas«, er zeigte auf ein kleines Fahrrad und andere Spielsachen, »und das bekommt Petra, das Mädchen, ich meine die Puppe und die Sachen da drüben. Die Namen stehen jeweils drauf, da wird wohl nichts schiefgehen. Und hier noch ein Zettel, auf dem ein paar Unarten der Kinder notiert sind, reden Sie ihnen mal ins Gewissen, aber verängstigen Sie sie nicht, vielleicht genügt es, etwas mit der Rute zu drohen. Und versuchen Sie, die Sache möglichst rasch zu machen, weil wir noch Besuch erwarten.«

Der Weihnachtsmann nickte und packte die Geschenke in den Sack. »Rufen Sie die Kinder schon ins Weihnachtszimmer, ich komme gleich nach. Und noch eine Frage. Gibt es hier ein Telefon? Ich muß jemanden anrufen.«

»Auf der Diele rechts.«

»Danke.«

Nach einigen Minuten war dann alles soweit. Mit dem Sack über dem Rücken ging der Student auf die angelehnte Tür des Weihnachtszimmers zu. Einen Moment blieb er stehen. Er hörte die Stimme von Herrn Lemm, der gerade sagte: »Wißt ihr, wer jetzt gleich kommen wird? Ja, Petra, der Weihnachtsmann, von dem wir euch schon so viel erzählt haben. Benehmt euch schön brav ...«

Fröhlich öffnete er die Tür. Blinzelnd blieb er stehen. Er sah den brennenden Baum, die erwartungsvollen Kinder, die feierlichen Eltern. Es hatte geklappt, jetzt fiel die Falle zu. »Guten Tag, liebe Kinder«, sagte er mit tiefer Stimme. »Ihr seid also Thomas und Petra. Und ihr wißt sicher, wer ich bin, oder?«

»Der Weihnachtsmann«, sagte Thomas etwas ängstlich.

»Richtig. Und ich komme zu euch, weil heute Weihnachten ist. Doch bevor ich nachschaue, was ich alles in meinem Sack habe, wollen wir erst einmal ein Lied singen. Kennt ihr ›Stille Nacht, heilige Nacht‹? Ja? Also!«

Er begann mit lauter Stimme zu singen, doch mitten im Lied brach er ab. »Aber, aber, die Eltern singen ja nicht mit! Jetzt fangen wir alle noch mal von vorne an. Oder haben wir den Text etwa nicht gelernt? Wie geht denn das Lied, Herr Lemm?«

Herr Lemm blickte den Weihnachtsmann befremdet an. »Stille Nacht, heilige Nacht, alles schläft, einer wacht...«

Der Weihnachtsmann klopfte mit der Rute auf den Tisch »Einsam wacht! Weiter! Nur das traute...«

»Nur das traute, hochheilige Paar«, sagte Frau Lemm betreten, und leise fügte sie hinzu: »Holder Knabe im lockigen Haar.«

»Vorsagen gilt nicht«, sagte der Weihnachtsmann barsch und hob die Rute »Wie geht's weiter?«

»Holder Knabe im lockigen...«

»Im lockigen Was?«

»Ich weiß es nicht«, sagte Herr Lemm. »Aber was soll denn diese Fragerei? Sie sind hier, um...«

Seine Frau stieß ihn in die Seite, und als er die erstaunten Blicke seiner Kinder sah, verstummte Herr Lemm.

»Holder Knabe im lockigen Haar«, sagte der Weihnachtsmann. »›Schlaf in himmlischer Ruh‹, schlaf in himmlischer Ruh. Das nächste Mal lernen wir das besser. Und jetzt singen wir noch einmal miteinander: ›Stille Nacht, heilige Nacht‹.«

»Gut, Kinder«, sagte er dann. »Eure Eltern können sich ein Beispiel an euch nehmen. So, jetzt geht es an die Bescherung. Wir wollen doch mal sehen, was wir hier im Sack haben. Aber Moment, hier liegt ja noch ein Zettel. Er griff nach dem Zettel und las ihn durch.

»Stimmt das, Thomas, daß du in der Schule oft ungehorsam bist und den Lehrern widersprichst?«

»Ja«, sagte Thomas kleinlaut.

»So ist es richtig«, sagte der Weihnachtsmann. »Nur dumme

Kinder glauben alles, was ihnen die Lehrer erzählen. Brav, Thomas.«

Herr Lemm sah den Studenten beunruhigt an. »Aber...«, begann er. »Sei doch still«, sagte seine Frau.

»Wollten Sie etwas sagen?«, fragte der Weihnachtsmann Herrn Lemm mit tiefer Stimme und strich sich über den Bart.

»Nein.«

»Nein, lieber Weihnachtsmann, heißt das immer noch. Aber jetzt kommen wir zu dir, Petra. Du sollst manchmal bei Tisch reden, wenn du nicht gefragt wirst, ist das wahr?« Petra nickte. »Gut so«, sagte der Weihnachtsmann. »Wer nur redet, wenn er gefragt wird, bringt es in diesem Leben zu nichts. Und da ihr so brave Kinder seid, sollt ihr nun belohnt werden. Aber bevor ich in den Sack greife, hätte ich gerne etwas zu trinken.«

Er blickte die Eltern an.

»Wasser?«, fragte Frau Lemm.

»Nein, Whisky. Ich habe in der Küche eine Flasche Chivas Regal gesehen. Wenn Sie mir davon etwas einschenken würden? Ohne Wasser bitte, aber mit etwas Eis.«

»Mein Herr!«, sagte Herr Lemm, aber seine Frau war schon aus dem Zimmer. Sie kam mit einem Glas zurück, das sie dem Weihnachtsmann anbot. Er leerte es und schwieg.

»Merkt euch eins, Kinder«, sagte er dann. »Nicht alles, was teuer ist, ist auch gut. Dieser Whisky kostet etwa 50 DM pro Flasche. Davon müssen manche Leute einige Tage leben, und eure Eltern trinken das einfach runter. Ein Trost bleibt: Der Whisky schmeckt nicht besonders.«

Herr Lemm wollte etwas sagen, doch als der Weihnachtsmann die Rute hob, ließ er es.

»So, jetzt geht es an die Bescherung.«

Der Weihnachtsmann packte die Sachen aus und überreichte sie den Kindern. Er machte dabei kleine Scherze, doch es gab keine Zwischenfälle, Herr Lemm atmete leichter, die Kinder schauten respektvoll zum Weihnachtsmann auf, bedankten sich für jedes Geschenk und lachten, wenn er einen Scherz machte. Sie mochten ihn offensichtlich.

»Und hier habe ich noch etwas Schönes für dich, Thomas«, sagte der Weihnachtsmann. »Ein Fahrrad. Steig mal drauf.« Thomas strampelte, der Weihnachtsmann hielt ihn fest, gemeinsam drehten sie einige Runden im Zimmer.

»So, jetzt bedankt euch mal beim Weihnachtsmann!«, rief Herr Lemm den Kindern zu. »Er muß nämlich noch viele, viele Kinder besuchen, deswegen will er jetzt leider gehen.« Thomas schaute den Weihnachtsmann enttäuscht an, da klingelte es. »Sind das schon die Gäste?«, fragte die Hausfrau. »Wahrscheinlich«, sagte Herr Lemm und sah den Weihnachtsmann eindringlich an. »Öffne doch.«

Die Frau tat das, und ein Mann mit roter Kapuze und rotem Mantel, über den ein langer weißer Bart wallte, trat ein. »Ich bin Knecht Ruprecht«, sagte er mit tiefer Stimme.

Währenddessen hatte Herr Lemm im Weihnachtszimmer noch einmal behauptet, daß der Weihnachtsmann jetzt leider gehen müsse.

»Nun bedankt euch mal schön, Kinder«, rief er, als Knecht Ruprecht das Zimmer betrat. Hinter ihm kam Frau Lemm und schaute ihren Mann achselzuckend an.

»Da ist ja mein Freund Knecht Ruprecht«, sagte der Weihnachtsmann fröhlich.

»So ist es«, erwiderte dieser. »Da drauß' vom Walde komm ich her, ich muß euch sagen, es weihnachtet sehr. Und jetzt hätte ich gerne etwas zu essen.«

»Wundert euch nicht«, sagte der Weihnachtsmann zu den Kindern gewandt. »Ein Weihnachtsmann allein könnte nie all die Kinder bescheren, die es auf der Welt gibt. Deswegen habe ich Freunde, die mir dabei helfen. Knecht Ruprecht, den heiligen Nikolaus und noch viele andere...«

Es klingelte wieder. Die Hausfrau blickte Herrn Lemm an, der so verwirrt war, daß er mit dem Kopf nickte, sie ging zur Tür und öffnete. Vor der Tür stand ein dritter Weihnachtsmann, der ohne Zögern eintrat. »Puh«, sagte er. »Diese Kälte! Hier ist es beinahe so kalt wie am Nordpol, wo ich zu Hause bin!«

Mit diesen Worten betrat er das Weihnachtszimmer. »Ich bin Sankt Nikolaus«, fügte er hinzu, »und ich freue mich immer, wenn ich brave Kinder sehe. Das sind sie doch – oder?«

»Sie sind sehr brav«, sagte der Weihnachtsmann. »Nur die Eltern gehorchen nicht immer, denn sonst hätten sie längst eine von den kalten Platten und etwas zu trinken gebracht.«

»Verschwinden Sie!«, flüsterte Herr Lemm in das Ohr des Studenten.

»Sagen sie das doch laut, daß ihre Kinder es auch hören können«, antwortete der Weihnachtsmann.

»Ihr geht jetzt ins Bett«, sagte Herr Lemm. »Nein«, brüllten die Kinder und klammerten sich an den Mantel des Weihnachtsmannes.

»Hunger«, sagte Sankt Nikolaus.

Die Frau holte ein Tablett. Die Weihnachtsmänner begannen zu essen. »In der Küche steht Whisky«, sagte der erste, und als Frau Lemm sich nicht rührte, machte sich Knecht Ruprecht auf den Weg. Herr Lemm lief hinter ihm her. In der Diele stellte er den Knecht Ruprecht, der mit einer Flasche und einigen Gläsern das Weihnachtszimmer betreten wollte.

»Lassen Sie die Hände vom Whisky!«

»Thomas!«, rief Knecht Ruprecht laut, und schon kam der Junge auf seinem Fahrrad angestrampelt. Erwartungsvoll blickte er Vater und Weihnachtsmann an.

»Mein Gott, mein Gott«, sagte Herr Lemm, doch er ließ Knecht Ruprecht vorbei.

»Tu was dagegen«, sagte seine Frau. »Das ist ja furchtbar. Tu was!«

»Was soll ich tun?«, fragte er, da klingelte es. »Das werden die Gäste sein!«

»Und wenn sie es nicht sind?«

»Dann hole ich die Polizei!«

Herr Lemm öffnete. Ein junger Mann trat ein. Auch er hatte einen Wattebart im Gesicht, trug jedoch keinen roten Mantel, sondern einen weißen Umhang, an dem er zwei Flügel aus Pappe befestigt hatte.

Der Weihnachtsmann, der auf die Diele getreten war, als er das Klingeln gehört hatte, schwieg wie die anderen. Hinter ihm schauten die Kinder, Knecht Ruprecht und Sankt Nikolaus auf den Gast.

»Grüß Gott, lieber…«, sagte Knecht Ruprecht schließlich.

»Lieber Engel Gabriel«, ergänzte der Bärtige verlegen. »Ich komme, um hier nachzuschauen, ob auch alle Kinder artig sind. Ich bin nämlich einer von den Engeln auf dem Felde, die den Hirten damals die Geburt des Jesuskindes angekündigt haben. Ihr kennt doch die Geschichte, oder?«

Die Kinder nickten, und der Engel ging etwas befangen ins Weihnachtszimmer. Zwei Weihnachtsmänner folgten ihm, den dritten, es war jener, der als erster gekommen war, hielt Herr Lemm fest. »Was soll denn der Unfug?«, fragte er mit einer Stimme, die etwas zitterte. Der Weihnachtsmann zuckte mit den Schultern. »Ich begreif auch nicht, warum er so antanzt. Ich habe ihm ausdrücklich gesagt, er sollte als Weihnachtsmann kommen, aber wahrscheinlich konnte er keinen roten Mantel auftreiben.«

»Sie werden jetzt alle schleunigst hier verschwinden«, sagte Herr Lemm.

»Schmeißen Sie uns doch raus«, erwiderte der Weihnachtsmann und zeigte ins Weihnachtszimmer. Dort saß der Engel, aß Schnittchen und erzählte Thomas davon, wie es im Himmel aussah. Die Weihnachtsmänner tranken und brachten Petra ein Lied bei, das mit den Worten begann: »Und danket alle Gott, die Schule ist bankrott.«

»Wie viel verlangen Sie?«, fragte Herr Lemm.

»Wofür?«

»Für Ihr Verschwinden. Ich erwarte bald Gäste, das wissen Sie doch.«

»Ja, das könnte peinlich werden, wenn Ihre Gäste hier hereinplatzen würden. Was ist Ihnen denn die Sache wert?«

»Hundert Mark«, sagte der Hausherr. Der Weihnachtsmann lachte und ging ins Zimmer. »Holt mal eure Eltern«, sagte er zu Petra und Thomas. »Engel Gabriel will uns noch die Weihnachtsgeschichte erzählen.«

Die Kinder liefen in die Diele. »Kommt«, schrieen sie. »Engel Gabriel will uns was erzählen.« Herr Lemm sah seine Frau an.

»Halt mir die Kinder etwas vom Leibe«, flüsterte er, »ich rufe jetzt die Polizei an!« – »Tu es nicht«, bat sie, »denk doch daran, was in den Kindern vorgehen muß, wenn Polizisten...« – »Das ist mir jetzt völlig egal«, unterbrach Herr Lemm. »Ich tu's.«

»Kommt doch«, riefen die Kinder. Herr Lemm nahm den Hörer ab und wählte. Die Kinder kamen neugierig näher. »Hier Lemm«, flüsterte er. »Lemm, Berlin-Dahlem. Bitte schicken Sie ein Überfallkommando.« – »Sprechen Sie bitte etwas lauter«, sagte der Polizeibeamte. »Ich kann nicht lauter sprechen, wegen der Kinder. Hier bei mir zu Haus sind drei Weihnachtsmänner und ein Engel und die gehen nicht weg...« Frau Lemm hatte versucht, die Kinder wegzuscheuchen, es war ihr nicht gelungen. Petra und Thomas standen neben ihrem Vater und schauten ihn an. Herr Lemm verstummte.

»Was ist mit den Weihnachtsmännern?«, fragte der Beamte, doch Herr Lemm schwieg weiter. »Fröhliche Weihnachten«, sagte der Beamte und hängte auf.

Da erst wurde Herrn Lemm klar, wie verzweifelt seine Lage war.

»Komm Pappi«, riefen die Kinder, »Engel Gabriel will anfangen.« Sie zogen ihn ins Weihnachtszimmer.

»Zweihundertfünfzig«, sagte er leise zum Weihnachtsmann, der auf der Couch saß...

»Pst«, antwortete der und zeigte auf den Engel, der »Es begab sich aber zu der Zeit« sagte und langsam fortfuhr. »Dreihundert.« Als der Engel begann, den Kindern zu erzählen, was der Satz »Und sie war schwanger« bedeutet, sagte Herr Lemm »Vierhundert«, und der Weihnachtsmann nickte.

»Jetzt müssen wir leider gehen, liebe Kinder«, sagte er. »Seid hübsch brav, widersprecht euren Lehrern, wo es geht, haltet die Augen offen und redet, ohne gefragt zu werden. Versprecht ihr mir das?«

Die Kinder versprachen es, und nacheinander verließen der Weihnachtsmann, Knecht Ruprecht, Sankt Nikolaus und der Engel Gabriel das Haus.

»Ich fand es nicht richtig, daß du Geld genommen hast«, sagte Knecht Ruprecht auf der Straße.

»Das war nicht geplant!«

»Leute, die sich Weihnachtsmänner mieten, sollen auch dafür zahlen«, meinte Engel Gabriel.

»Aber nicht so viel.«

»Wieso nicht? Alles wird heutzutage teurer, auch das Bescheren.«

»Expropriation der Expropriateure«, sagte der Weihnachtsmann.

»Richtig«, sagte Sankt Nikolaus. »Wo steht geschrieben, daß der Weihnachtsmann immer nur etwas bringt? Manchmal holt er auch was.«

»In einer Gesellschaft, deren Losung ›Hastuwasbistuwas‹ heißt, kann auch der Weihnachtsmann nicht sauber bleiben«, sagte Engel Gabriel. »Es ist kalt«, sagte der Weihnachtsmann.

»Vielleicht sollten wir das Geld einem wohltätigen Zweck zur Verfügung stellen«, schlug Knecht Ruprecht vor.

»Erst einmal sollten wir eine Kneipe finden, die noch auf hat«, sagte der Weihnachtsmann. Sie fanden eine, nahmen ihre Bärte ab, setzten sich und spendierten eine Lokalrunde, bevor sie weiter beratschlagten.

ALBRECHT GOES   (1908–2000)

Die Geschenke und das Geschenk

Mir ist noch gar nicht weihnachtlich zumute, sagen wir, wenn es uns an Schnee fehlt, wenn der Christmarkt fern ist oder wenn kein Honiglebkuchen auf unseren Holzteller kommt. Aber derlei Rede gilt nicht. Ein Kalendermann zum Beispiel muß auch zu einer Stunde, da die gelben Quitten noch auf dem Baum hängen und die strengen Zinnien sich so aufrecht halten wie adelige Fräulein bei ihrem Nachmittagstee ein Weihnachtswort wagen, und er kann es auch. Denn das, was wirklich wert ist, gesagt zu werden, das ist auch ohne Schnee und Christbaum, ohne Lametta und Lebkuchen, ohne Niklasbart und Engelshaar wahr und wirklich, und also mag's bedacht werden wann immer, auch mitten im Jahr.

Kinder, ja: die sollen ihr herrliches Recht behalten, ganz für den einen Heiligen Abend zu leben, ihre Freude darf sein wie ohne Zeit, wie außer der Zeit. Sie dürfen hereinwehen, und es ist alles da: der Baum und der Tisch und das ganze goldene Zugleich und Zuviel; aber für uns, versteh ich's recht, ist die Adventszeit so wichtig wie dieser eine Tag oder wichtiger noch, für uns ist Weihnachten das, was es vorauswirft an Licht und Aufgabe und Verantwortung. Und das, was es dann weiterwirkt. »Bereite dich, Zion –«: wenn man einmal an den Notenschrank gegangen ist und die selige a-Moll-Melodie sich wieder getastet und gesungen hat, wenn sie dann weitersummt in uns und unversehens uns glücklich macht mitten im Werktag – dann, ja dann ist Advent. Wir rücken die Schachtel mit dem Christbaumschmuck, wenn sie uns in der

Bodenkammer begegnet, achtsam beiseite, damit sie bereitsteht für ihre Stunde; wir werfen einen Blick auf das Puppenhaus und notieren: mit dem Schreiner sprechen, der Puppenmöbel wegen. Wir sparen, wie wir nur können, am Wirtschaftsgeld: einen Taler für die Nüsse, und zwei für Puderzucker, Honig und gestoßenen Zimt, und dann also sinnen wir auf die Geschenke; und wir alle tun es, ohne Mühe und mit Mühe, und wir tun recht daran.

Es ist freilich schon gut, wenn auf dem Weg ins Kaufhaus dann, mitten im Dezembertag, einer die Hand uns auf den Arm legt, dämpfend und gelinde: gemach, gemach! – oder auch einmal herzhaft und streng: genug, halt ein! Wenn er uns sagt, daß Weihnachten selbst zwar vom heiligen Christ, die Weihnachtsgeschenkwut aber gewiß vom alt bösen Feind erfunden worden ist; wenn er uns daran erinnert, daß wir nicht zu der Liebe verpflichtet sind, die unsre Frauen und Mütter am Abend vor dem hohen Fest müde und elend erscheinen läßt, ausgeraubt von der eiligen Sorge, leeren Nußschalen gleich … Aber wenn wir hier nun nichts als diese Klage anstimmen wollten, so wäre nicht genug geschehen. Nein, es soll geschenkt werden auf Christtag: mit Liebe, mit Heiterkeit, mit Spieler- und Erfinderlust, mit Nachdenklichkeit.

Ja, mit Nachdenklichkeit. Was ist's, daß wir schenken mögen auf diesen Tag? Wir schenken, weil es uns treibt, einen Weg zu haben, der vom einen zum andern führt. Wir schenken, weil wir uns brauchen. Wir wissen wohl, was eigentlich wir schenken sollten: uns selbst nämlich. Und wir schenken etwas von uns, weil wir uns selbst nicht schenken können. Wir schenken – schöne Dinge schenken wir; Schimmerndes, Blitzendes, Anmutiges – aber wer nur lange genug wacht und sucht und schaut, der schaut den Dingen auf den Grund, und was auf dem Grunde ruht, das ist unsre Armut.

Ist es recht, daß dies zum Vorschein kommt? Oder sollen wir derlei Einsicht beiseite schieben, wie man eine unfestliche Störung mit leisem Unmut beiseite schiebt? Nein, das sollen wir nicht. Wir sollen wissen, daß es recht ist, wenn dieser Grund der Wahrheit offenbar wird; es ist kein böser Grund.

O ja, es soll zutage treten dürfen, daß wir bedürftig sind. »Sei dir selbst genug!« spricht die Stimme des Trolls; es ist keine menschliche Stimme. Du brauchst den anderen – das ist die Menschenerfahrung, die Menschennot auch. Und die Menschenwürde. Denn in solchen Grund versenkt ist jenes zweite: du wirst gebraucht. Und indes du dir's bewußt wirst, das eine und das andere, fühlst du dein Leben befreit von all dem Termitenhaften, das ihm wieder und wieder anhängt. Zeichen gehen aus in die Nacht, Leuchtfeuer, und die Stimmen der Unsichtbaren dringen an dein Ohr. Der Kreis der Nächsten und Vertrauten, schon ist er überschritten, ein zweiter hat sich aufgetan, ein dritter erscheint am Horizont, und du bist gemeint: du bist's, der Rede und Antwort zu stehen hat, und das, was ein Wohltäter unsrer Tage, was Albert Schweitzer einmal die »zweite Aufgabe eines Menschenlebens« genannt hat, das ruft nach dir. Die zweite Aufgabe eines Menschenlebens: über jenen Ring der nächsten Pflichten und Rechte hinaus etwas zu kennen, was außerhalb liegt, Fremdes, Fernes; und gerade dieses Fremde und Ferne zu lieben mit der Kraft eines Herzens, das nicht rechnet. Erst dann hast du das Menschenantlitz, wie es dieses Fest dir zeigen will, in Wahrheit gesehen, wenn dich, in Geben und Nehmen, das Netz der Grüße, der Sorge und der Verantwortung umschlossen hält, dessen Grenze du nicht mehr kennst.

Im Geben und Nehmen. Es ist eine Kunst, wert, in ihr zur Meisterschaft zu kommen, die Kunst zu schenken: mit kundiger Hand, mit leichter Hand, mit der verschwiegenen Hand, da die Linke nicht weiß, was die Rechte tut. Es ist keine geringere Kunst, sich beschenken zu lassen. Und die Gesetze des Lebens wären schlimm verletzt, wenn einer nicht beides in einem wollte, schenken und sich beschenken lassen; wenn er so reich sein wollte, daß er nicht auch arm sein könnte und bedürftig dessen, daß man ihn beschenkt. Laß es gelten, daß alles Geschenk, das von dir ausgeht, nur ein Hinweis sein kann, eine Andeutung, nicht ein Ersatz, aber ein Versuch, dich selber zu schenken: daß darum die Geschenke unsrer Frauen und Kinder, das Werk ihrer Stricknadeln und ihrer Farbstifte, so viel reiner Geschenk sind als alles, was so ein Mann hinter dem Ladentisch sucht und findet. Und laß es gelten, daß das, was du empfängst, nicht wettgemacht werden kann. Es soll auch nicht wettgemacht werden. Der Heilige Abend ist nicht dazu da, daß eine Art freundlicher Tauschhandel gedeihe. In jedem Geschenk, das diesen Namen wert ist, ist eines einbeschlossen wie die Mücke im Bernstein, und es ist das Schönste im Geschenk: das Unverdiente in ihm.

Was wir geben, und wär es das pure Gold, reicht nicht zu, und was wir empfangen, haben wir nicht verdient: beides bedeutet, daß wir arme Leute sind. So sollen wir's denn sein. So sollen wir's denn sein wollen. Armen Leuten zuerst ist die Heilige Nacht geschehen. Christtag ist das Bündnis der Höhe mit dem Unscheinbaren, das Gloria über der Flüchtlingsnot, von der es heißt: »denn sie hatten sonst keinen Raum in der Herberge«, der siebenfarbene Regenbogen über der tödlichen Flut, der Stern über der Finsternis vom Blachfeld Bethlehem, vom ganzen Blachfeld Welt. Und obgleich die Welt dieses Bündnis verachtet, so verachtet doch dieses Bündnis mitnichten die Welt. Hier ist die Liebe, die nun eben dies vermag, was wir so gerne vermöchten: sich selbst darzureichen. Du darfst vertrauen: Weihnachten hat ohne dich angefangen. Deine goldenen Nüsse haben's nicht geschaffen, und deine eisernen Wagen bringen's nicht zu Fall. Es ist von diesem ersten Christtag an etwas Neues in der Welt, mehr als nur eine neue Zeitrechnung oder eine neue Art von Glauben. Es kann von einer Klarheit her nicht mehr ganz dunkel, von jenem Gottesgruß her nicht mehr ganz bös werden.

»Und Er ist Fleisch geworden.« Das Geheimnis der Weihnacht, es singen die schönen Stimmen dieses Geheimnis. Was singen sie dir? Was ereignet sich für dich?

Vielleicht dies: daß du auf den Heiligen Abend ein Bündel zurechtmachst für jenen fernen Fremden, den du nicht kennst und der dich nicht kennt und der nun doch in dieser deiner Gabe empfängt, was er braucht wie Brot: die Zuversicht und das Herdfeuer unter den Menschen.

Oder dies: daß unter all den erwünschten, erbetenen und erhofften Gaben die eine liegt, die du weder erbitten noch erhoffen konntest: der Gruß deines Widersachers, die Handschrift seiner Versöhnlichkeit.

Oder dies: daß am dritten oder vierten Tag nach dem Fest, in einer frühen Abendstunde vielleicht, du plötzlich ins Zimmer trittst, und der Christbaum steht im Licht. Nicht im Licht der Kerzen, in jenem Licht vielmehr, das stark und golden durchs Fenster dringt.

Es leuchtet jeder Zweig, jeder silberne Faden, jeder Apfel, jede Nuß. Das ist unser Reichtum, denkst du, unser armer Reichtum, unsre reiche Armut: diese Nüsse, diese Äpfel, dieser Schmuck und dieser Tisch. Aber das, was nun ins Zimmer getreten ist, das ist der andere Glanz, der ganz andere. Er steht uns gut für das Recht zum Vertrauen. Zum Vertrauen auf eine Kraft, die nicht arm wird, wie reich sie auch strömt.

JOHANN WOLFGANG VON GOETHE   (1749–1832)

Zum Neuen Jahr

Zwischen dem Alten,
Zwischen dem Neuen
Hier uns zu freuen,
Schenkt uns das Glück,
Und das Vergangne
Heißt mit Vertrauen
Vorwärts zu schauen,
Schauen zurück.

Stunden der Plage,
Leider, sie scheiden
Treue von Leiden,
Liebe von Lust;
Bessere Tage
Sammeln uns wieder
Heitere Lieder
Stärken die Brust.

Leiden und Freuden,
Jener verschwundnen,
Sind die Verbundnen
Fröhlich gedenk.
O des Geschickes
Seltsamer Windung!
Alte Verbindung,
Neues Geschenk!

Dankt es dem regen,
Wogenden Glücke,
Dankt dem Geschicke
Männiglich Gut;
Freut euch des Wechsels
Heiterer Triebe,
Offener Liebe,
Heimlicher Glut!

Andere schauen
Deckende Falten
Über dem Alten
Traurig und scheu;
Aber uns leuchtet
Freundliche Treue;
Sehet, das Neue
Findet uns neu.

So wie im Tanze
Bald sich verschwindet,
Wieder sich findet
Liebendes Paar;
So durch des Lebens
Wirrende Beugung
Führe die Neigung
Uns in das Jahr.

JOHANN WOLFGANG VON GOETHE (1749–1832)

Epiphaniasfest

Die Heil'gen Drei König' mit ihrem Stern,
Sie essen, sie trinken, und bezahlen nicht gern;
Sie essen gern, sie trinken gern,
Sie essen, trinken, und bezahlen nicht gern.

Die Heil'gen Drei König' sind kommen allhier,
Es sind ihrer drei und sind nicht ihrer vier;
Und wenn zu dreien der vierte wär,
So wär ein Heil'ger-Drei-König mehr.

Ich erster bin der weiß' und auch der schön',
Bei Tage solltet ihr erst mich sehn!
Doch ach, mit allen Spezerein
Werd ich sein Tag kein Mädchen mir erfrein.

Ich aber bin der braun' und bin der lang',
Bekannt bei Weibern wohl und bei Gesang.
Ich bringe Gold statt Spezerein,
Da werd ich überall willkommen sein.

Ich endlich bin der schwarz' und bin der klein'
Und mag auch wohl einmal recht lustig sein.
Ich esse gern, ich trinke gern,
Ich esse, trinke und bedanke mich gern.

Die Heil'gen Drei König' sind wohlgesinnt,
Sie suchen die Mutter und das Kind;
Der Joseph fromm sitzt auch dabei,
Der Ochs und Esel liegen auf der Streu.

Wir bringen Myrrhen, wir bringen Gold,
Dem Weihrauch sind die Damen hold;
Und haben wir Wein von gutem Gewächs,
So trinken wir drei so gut als ihrer sechs.

Da wir nun hier schöne Herrn und Fraun,
Aber keine Ochsen und Esel schaun,
So sind wir nicht am rechten Ort
Und ziehen unseres Weges weiter fort.

GÜNTER GRASS (1927–2015)

Advent

Wenn Onkel Dagobert wieder die Trompeten vertauscht
und wir katalytisches Jericho mit Bauklötzen spielen,
weil das Patt der Eltern
oder das Auseinanderrücken im Krisenfall
den begrenzten Krieg,
also die Schwelle vom Schlafzimmer zur Eskalation,
weil Weihnachten vor der Tür steht,
nicht überschreiten will,
    wenn Onkel Dagobert wieder was Neues,
    die Knusper-Kneißchen-Maschine
    und ähnliche Mehrzweckwaffen Peng! auf den Markt wirft,
    bis eine Stunde später Rickeracke...Puff...Plops!
    der konventionelle, im Kinderzimmer lokalisierte Krieg
    sich unorthodox hochschaukelt,
    und die Eltern,
    weil die Weihnachtseinkäufe
    nur begrenzte Entspannung erlauben,
    und Tick, Track und Trick –
    das sind Donald Ducks Neffen –
    wegen nichts Schild und Schwert vertauscht haben,
    ihre gegenseitige, zweite und abgestufte,
    ihre erweiterte Abschreckung aufgeben,
    nur noch minimal flüstern, Bitteschön sagen,
wenn Onkel Dagobert wieder mal mit den Panzerknackern

und uns, wenn wir brav sind, doomsday spielt,
weil wir alles vom Teller wegessen müssen,
weil die Kinder in Indien Hunger haben
und weniger Spielzeug und ABC-Waffen,
die unsere tägliche Vorwärtsverteidigung
vom Wohnzimmer bis in die Hausbar tragen,
in die unsere Eltern das schöne Kindergeld stecken,
bis sie über dreckige Sachen lachen,
kontrolliert explodieren
und sich eigenhändig,
wie wir unseren zerlegbaren Heuler,
zusammensetzen können,
    wenn ich mal groß und nur halb so reich
    wie Onkel Dagobert bin,
    werde ich alle Eltern, die überall rumstehen
    und vom Kinder anschaffen und Kinder abschaffen reden,
    mit einem richtigen spasmischen Krieg überziehen
    und mit Trick, Track und Tick –
    das sind die Neffen von Donald Duck –
    eine Familie planen,
    wo bös lieb und lieb bös ist
    und wir mit Vierradantrieb in einem Land-Rover
    voller doll absoluter Lenkwaffen
    zur Schule dürfen,
    damit wir den ersten Schlag führen können;
    denn Onkel Dagobert sagt immer wieder:
Die minimale Abschreckung hat uns bis heute –
und Heiligabend rückt immer näher –
keinen Entenschritt weiter gebracht.

ANDREAS GRYPHIUS (1616–1664)

An den Neugebohrnen Herrn Jesum

So vielmahl hundert Jahr von Anbegin der Zeiten
    Hofft nicht Judäa nur/ es hofft die gantze Welt/
    Dieweil du noch nicht dar in Schuld und Angst verfällt/
Auf dich/ O höchstes Kind! O Fürst der Ewigkeiten!
Wol! nun die Stund ist hier du wilst die Welt beschreiten/
    Die schwangre Jungfrau hat sich rüstig eingestellt/
    Wie daß man keinen Ort denn für dich offen hält?
Wie daß dir niemand denn die Wiegen wil bereiten.
    Dein Salem das so lang gezagt in Nacht und Sünd/
    Wird nun du Sonn auffgehst vor deinen Strahlen blind.
Drum läst sie dich im Stall ohn Sorg und Wartung liegen,
    Komm werther Gast/ O komm ich öffne Seel und Hertz/
    Mein Hertz das für und für der Jammerreiche Schmertz
Und stete Furcht bewegt/ sey deine liebe Wiegen.

H

Heinrich Heine
O. Henry
Hermann Hesse
Hermann Hiltbrunner
Peter Huchel
Hanns Dieter Hüsch

HEINRICH HEINE (1797–1856)

Die heil'gen drei Könige aus Morgenland

Die heil'gen drei Könige aus Morgenland,
Sie frugen in jedem Städtchen:
»Wo geht der Weg nach Bethlehem,
Ihr lieben Buben und Mädchen?«

Die Jungen und Alten, sie wußten es nicht,
Die Könige zogen weiter;
Sie folgten einem goldenen Stern,
Der leuchtete lieblich und heiter.

Der Stern blieb stehn über Josephs Haus,
Da sind sie hineingegangen;
Das Öchslein brüllte, das Kindlein schrie,
Die heil'gen drei Könige sangen.

O. HENRY (1862–1910)

Das Geschenk der Weisen

Ein Dollar und siebenundachtzig Cent. Das war alles. Und sechzig Cent davon ja Pennies. Stück für Stück ersparte Pennies, wenn man hin und wieder den Kaufmann, Gemüsemann oder Fleischer beschwatzt hatte, bis einem die Wangen brannten im stillen Vorwurf der Knauserei, die solch ein Herumfeilschen mit sich brachte. Dreimal zählte Della nach. Ein Dollar und siebenundachtzig Cent. Und morgen war Weihnachten. Da blieb einem nichts anderes, als sich auf die schäbige kleine Chaise zu werfen und zu heulen. Das tat Della. Was zu der moralischen Betrachtung reizt, das Leben bestehe aus Schluchzen, Schniefen und Lächeln, vor allem aus Schniefen. Während die Dame des Hauses allmählich von dem ersten Zustand in den zweiten übergeht, werfen wir einen Blick auf das Heim. Eine möblierte Wohnung für acht Dollar die Woche. Sie war nicht gerade bettelhaft zu nennen; höchstens für jene Polizisten, die speziell auf Bettler gehetzt wurden. Unten im Hausflur war ein Briefkasten, in den nie ein Brief fiel, und ein Klingelknopf, dem keines Sterblichen Finger je ein Klingelzeichen entlocken konnte. Dazu gehörte auch eine Karte, die den Namen »Mr. James Dillingham jr.« trug. Das »Dillingham« war in einer früheren Zeit der Wohlhabenheit, als der Eigentümer dreißig Dollar die Woche verdiente, hingepfeffert worden. Jetzt, da das Einkommen auf zwanzig Dollar zusammengeschrumpft war, wirkten die Buchstaben des »Dillingham« verschwommen, als trügen sie sich allen Ernstes mit dem Gedanken, sich zu einem bescheidenen und anspruchslosen »D« zusammenzuziehen. Aber wenn Mr. James Dillingham jr. nach Hause und oben in seine Wohnung kam, wurde er »Jim« gerufen und von Mrs. James Dillingham jr., die bereits als Della vorgestellt wurde, herzlich umarmt. Was alles sehr schön ist.

Della hörte auf zu weinen und fuhr mit der Puderquaste über ihre Wangen. Sie stand am Fenster und blickte trübselig hinaus auf eine graue Katze, die auf einem grauen Zaun in einem grauen Hinterhof spazierte. Morgen war Weihnachten, und sie hatte nur einen Dollar siebenundachtzig, um für Jim ein Geschenk zu kaufen. Monatelang hatte sie jeden Penny gespart, wo sie nur konnte, und dies war das Resultat. Zwanzig Dollar die Woche reichten nicht weit. Die Ausgaben waren größer gewesen, als sie gerechnet hatte. Das ist immer so. Nur einen Dollar siebenundachtzig, um für Jim ein Geschenk zu kaufen. Für ihren Jim. So manche glückliche Stunde hatte sie damit verbracht, sich etwas Hübsches für ihn auszudenken. Etwas Schönes, Seltenes, Gediegenes – etwas, was annähernd der Ehre würdig war, Jim zu gehören. Zwischen den Fenstern stand ein Trumeau. Vielleicht haben Sie schon einmal einen Trumeau in einer möblierten Wohnung zu acht Dollar gesehen. Ein sehr dünner und beweglicher Mensch kann, indem er sein Spiegelbild in einer raschen Folge von Längsstreifen betrachtet, eine ziemlich genaue Vorstellung von seinem Aussehen erhalten. Della war eine schlanke Person und beherrschte diese Kunst. Plötzlich wirbelte sie von dem Fenster fort und stand vor dem Spiegel. Ihre Augen glänzten und funkelten, aber ihr Gesicht hatte in zwanzig Sekunden die Farbe verloren. Flink löste sie ihr Haar und ließ es in voller Länge herabfallen. Zwei Dinge besaßen die James Dillinghams jr., auf die sie beide unheimlich stolz waren. Das eine war Jims goldene Uhr, die seinem Vater und davor seinem Großvater gehört hatte. Das andere war Dellas Haar. Hätte die Königin von Saba in der Wohnung jenseits des Luftschachts gelebt, dann hätte Della eines Tages ihr Haar zum Trocknen aus dem Fenster gehängt, um Ihrer Majestät Juwelen und Vorzüge im Wert herabzusetzen. Wäre König Salomo der Portier gewesen und hätte all seine Schätze im Erdgeschoß aufgehäuft, Jim hätte jedesmal seine Uhr gezückt, wenn er vorbeigegangen wäre, bloß um zu sehen, wie sich der andere vor Neid den Bart raufte. Jetzt floß also Dellas Haar wellig und glänzend an ihr herab wie ein brauner Wasserfall. Es reichte bis unter die Kniekehlen und umhüllte sie wie ein Gewand. Nervös und hastig steckte sie es wieder auf. Einen Augenblick taumelte sie und stand ganz still, während ein paar Tränen auf den abgetretenen Teppich fielen.

Die alte braune Jacke angezogen, den alten braunen Hut aufgesetzt, und mit wehenden Röcken und immer noch das helle Funkeln in den Augen, schoß sie zur Tür hinaus und lief die Treppe hinab auf die Straße. Wo sie stehen blieb, lautete das Firmenschild Mme. Sofronie. Alle Sorten Haarersatz. Della rannte die Treppe hinauf und versuchte atemschöpfend, sich zu sammeln.

Madame, groß, zu weiß und frostig, sah kaum nach »Sofronie« aus.

»Wollen Sie mein Haar kaufen?«, fragte Della.

»Ich kaufe Haar«, sagte Madame. »Nehmen Sie den Hut ab, damit wir es einmal ansehen können.«

Der braune Wasserfall stürzte in Wellen herab.

»Zwanzig Dollar«, sagte Madame, mit kundiger Hand die Masse anhebend.

»Geben Sie nur schnell her«, sagte Della.

Oh, und die nächsten beiden Stunden trippelten auf rosigen Schwingen. Nehmen Sie es nicht so genau mit der zerhackten Metapher. Sie durchwühlte die Läden nach dem Geschenk für Jim. Schließlich fand sie es. Bestimmt war es für Jim und für niemand sonst gemacht. Keins gab es in den Läden, das diesem glich, und sie hatte in allen das Oberste zuunterst gekehrt. Es war eine Uhrkette aus Platin, einfach und edel im Dessin, die ihren Wert auf angemessene Weise durch das Material und nicht durch eine auf den

Schein berechnete Verzierung offenbarte – wie es bei allen guten Dingen sein sollte. Sie war sogar der Uhr würdig. Kaum hatte sie die Kette erblickt, als sie auch schon wußte, daß sie Jim gehören müsse. Sie war wie er. Überlegene Ruhe und Wert – das paßte auf beide. Einundzwanzig Dollar nahm man ihr dafür ab, und mit den siebenundachtzig Cent eilte sie nach Hause. Mit dieser Kette an der Uhr konnte Jim wirklich in jeder Gesellschaft um die Zeit besorgt sein. So großartig die Uhr war, manchmal blickte er wegen des alten Lederriemchens, das er an Stelle einer Kette benutzte, nur verstohlen nach ihr.

Als Della zu Hause angelangt war, wich ihr Rausch ein wenig der Vorsicht und der Vernunft. Sie holte ihre Brennschere heraus, zündete das Gas an und machte sich ans Werk, die Verheerungen auszubessern, die von Freigebigkeit in Verein mit Liebe angerichtet worden waren. Was stets eine gewaltige Aufgabe ist, liebe Freunde – eine Mammutaufgabe. Nach vierzig Minuten war ihr Kopf dicht mit kleinen Löckchen bedeckt, mit denen sie wundervoll aussah, wie ein schwänzender Schuljunge. Lange, sorgfältig und kritisch betrachtete sie ihr Spiegelbild.

»Wenn mich Jim nicht umbringt, bevor er mich ein zweites Mal ansieht, wird er sagen, ich sehe aus wie ein Chormädel von Coney Island«, meinte sie bei sich. »Aber was – oh, was hätte ich denn mit einem Dollar siebenundachtzig anfangen sollen?«

Um sieben war der Kaffee gekocht, und die Bratpfanne stand hinten auf der Kochmaschine, heiß und bereit, die Kotelette zu braten.

Jim verspätete sich nie. Della ließ die Uhrkette in ihrer Hand verschwinden und setzte sich auf die Tischkante nahe der Tür, durch die er immer eintrat. Dann hörte sie seinen Schritt auf der Treppe, unten, auf den ersten Stufen, und wurde einen Augenblick blaß. Sie hatte sich angewöhnt, wegen der einfachsten Alltäglichkeit stille kleine Gebete zu murmeln, und jetzt flüsterte sie »Bitte, lieber Gott, mach, daß er mich noch hübsch findet.«

Die Tür öffnete sich, Jim trat ein und schloß sie. Er sah mager und sehr feierlich aus. Armer Junge, er war erst zweiundzwanzig – und schon mit Familie belastet! Er brauchte einen neuen Mantel und hatte auch keine Handschuhe.

Jim blieb an der Tür stehen, reglos wie ein Vorstehhund, der eine Wachtel ausgemacht hat. Seine Augen waren auf Della geheftet, und ein Ausdruck lag in ihnen, den sie nicht zu deuten vermochte und der sie erschreckte. Es war weder Ärger noch Verwunderung, weder Mißbilligung noch Abneigung, noch überhaupt eins der Gefühle, auf die sie sich gefaßt gemacht hatte. Er starrte sie nur unverwandt an mit diesem eigentümlichen Gesichtsausdruck.

Della rutschte langsam vom Tisch und ging zu ihm. »Jim, Liebster«, rief sie, »sieh mich nicht so an. Ich hab' mein Haar abschneiden lassen und verkauft, weil ich Weihnachten ohne ein Geschenk für dich nicht überlebt hätte. Es wird wieder wachsen – du nimmst es nicht tragisch, nicht wahr? Ich mußte es einfach tun. Mein Haar wächst unheimlich schnell. Sag mir fröhliche Weihnachten, Jim, und laß uns glücklich sein. Du ahnst nicht, was für ein hübsches, was für ein schönes, wunderschönes Geschenk ich für dich bekommen habe.«

»Du hast dein Haar abgeschnitten?«, fragte Jim mühsam, als könne er selbst nach schwerster geistiger Arbeit nicht an den Punkt gelangen, diese offenkundige Tatsache zu begreifen.

»Abgeschnitten und verkauft«, sagte Della. »Hast du mich jetzt nicht noch ebenso lieb? Ich bin auch ohne mein Haar noch dieselbe, nicht wahr?«

Jim blickte neugierig im Zimmer umher.

»Du sagst, dein Haar ist weg?«, bemerkte er mit nahezu idiotischem Gesichtsausdruck.

»Du brauchst nicht danach zu suchen«, sagte Della. »Ich sag' dir doch, es ist verkauft – verkauft und weg. Heute ist Heiligabend, Jungchen. Sei nett zu mir, denn es ist ja für dich weg. Vielleicht waren die Haare auf meinem Kopf gezählt«, fuhr sie mit einer jähen, feierlichen Zärtlichkeit fort, »aber nie könnte jemand meine Liebe zu dir zählen. Soll ich die Kotelette aufsetzen, Jim?«

Jim schien im Nu aus seiner Starrheit zu erwachen. Er umarmte seine Della. Wir wollen inzwischen mit diskreten Forscherblicken zehn Sekunden lang eine an sich unwichtige Sache in anderer Richtung betrachten. Acht Dollar die Woche oder eine Million im Jahr – was ist der Unterschied? Ein Mathematiker oder ein Witzbold würde uns eine falsche Antwort geben. Die Weisen brachten wertvolle Gesehenke, aber dies war nicht darunter. Diese dunkle Behauptung soll später erläutert werden. Jim zog ein Päckchen aus der Manteltasche und warf es auf den Tisch.

»Täusch dich nicht über mich, Dell«, sagte er. »Du darfst nicht glauben, daß etwas wie Haare schneiden oder stutzen oder waschen mich dahin bringen könnte, mein Mädchen weniger lieb zu haben. Aber wenn du das Päckchen auspackst, wirst du sehen, warum du mich zuerst eine Weile aus der Fassung gebracht hast.«

Weiße Finger rissen hurtig an der Strippe und am Papier. Und dann ein verzückter Freudenschrei, und dann – ach! – ein schnelles weibliches Hinüberwechseln zu hysterischen Tränen und Klagen, die dem Herrn des Hauses den umgehenden Einsatz aller Trostmöglichkeiten abforderten.

Denn da lagen die Kämme – die Garnitur Kämme, die Della seit langem in einem Broadway-Schaufenster angeschmachtet hatte. Wunderschöne Kämme, echt Schildpatt mit juwelenverzierten Rändern – gerade in der Schattierung, die zu dem schönen, verschwundenen Haar gepaßt hätte. Es waren teure Kämme, das wußte sie, und ihr Herz hatte nach ihnen gebettelt und gebarmt, ohne die leiseste Hoffnung, sie je zu besitzen. Und nun waren sie ihr eigen; aber die Flechten, die der ersehnte Schmuck hätte zieren sollen, waren fort. Doch sie preßte sie zärtlich an die Brust und war schließlich so weit, daß sie mit schwimmenden Augen und einem Lächeln aufblicken und sagen konnte: »Mein Haar wächst so schnell, Jim!« Und dann sprang Della auf wie ein gebranntes Kätzchen und rief: »Oh, oh!«

Jim hatte ja noch nicht sein schönes Geschenk gesehen. Ungestüm hielt sie es ihm auf der geöffneten Hand entgegen. Das leblose, kostbare Metall schien im Abglanz ihres strahlenden, brennenden Eifers zu blitzen. »Ist die nicht toll, Jim? Die ganze Stadt hab' ich danach abgejagt. Jetzt mußt du hundertmal am Tag nachsehen, wie spät es ist. Gib mir die Uhr. Ich möchte sehen, wie sich die Kette dazu macht.«

Statt zu gehorchen, ließ er sich auf die Chaiselongue fallen, legte die Hände im Nacken zusammen und lächelte. »Dell«, sagte er, »wir wollen unsere Weihnachtsgeschenke beiseite legen und eine Weile aufheben. Sie sind zu hübsch, um sie jetzt schon in Gebrauch zu nehmen. Ich habe die Uhr verkauft, um das Geld für die Kämme zu haben. Wie wäre es, wenn du die Kotelette braten würdest?«

Die Weisen waren, wie ihr wißt, weise Männer – wunderbar weise Männer –, die dem Kind in der Krippe Geschenke brachten. Sie haben die Kunst erfunden, Weihnachtsgeschenke zu machen. Da sie weise waren, waren natürlich auch ihre Geschenke weise und hatten vielleicht den Vorzug, umgetauscht werden zu können, falls es Dubletten gab. Und hier habe ich euch nun schlecht und recht die ereignislose Geschichte von zwei törichten Kindern in einer möblierten Wohnung erzählt, die höchst unweise die größten Schätze ihres Hauses füreinander opferten. Doch mit einem letzten Wort sei den heutigen Weisen gesagt, daß diese beiden die weisesten aller Schenkenden waren. Von allen, die Geschenke geben und empfangen, sind sie die weisesten. Überall sind sie die weisesten. Sie sind die wahren Weisen.

HERMANN HESSE (1877–1962)

Der Heiland

Immer wieder wird er Mensch geboren,
Spricht zu frommen, spricht zu tauben Ohren,
Kommt uns nah und geht uns neu verloren.

Immer wieder muß er einsam ragen,
Aller Brüder Not und Sehnsucht tragen,
Immer wird er neu ans Kreuz geschlagen.

Immer wieder will sich Gott verkünden,
Will das Himmlische ins Tal der Sünden,
Will ins Fleisch der Geist, der ewige, münden.

Immer wieder auch in diesen Tagen,
Ist der Heiland unterwegs, zu segnen,
Unsern Ängsten, Tränen, Fragen, Klagen
Mit dem stillen Blicke zu begegnen,
Den wir doch nicht zu erwidern wagen,
Weil nur Kinderaugen ihn ertragen.

HERMANN HILTBRUNNER (1893–1961)

Herr der Stunden, Herr der Tage

Herr der Stunden, Herr der Tage,
sieh, wir stehn in deiner Hand;
aus dem Meer von Leid und Klage
führe uns auf festes Land.

Herr der Tage, Herr der Jahre,
dieser Erde Zwischenspiel,
wende es ins Wunderbare,
weis uns aller Ziele Ziel.

Herr der Jahre, Herr der Zeiten,
dir sind wir anheimgestellt;
wollest unsre Schritte leiten,
Herr der Menschen, Herr der Welt.

PETER HUCHEL (1903–1981)

Weihnachtslied

O Jesu, was bist du lang ausgewesen,
o Jesu Christ!
Die sich den Pfennig im Schnee auflesen,
die wissen nicht mehr, wo du bist.

Sie schreien, was hast du sie ganz vergessen,
sie schreien nach dir, o Jesu Christ!
Ach kann denn dein Blut, ach kann es ermessen,
was alles salzig und bitter ist?

Die Trän' der Welt, den Herbst von Müttern,
spürst du das noch, o Jesuskind?
Und wie sie alle im Hungerhemd zittern
und krippennackt und elend sind!

O Jesu, was bist du lang ausgeblieben
und ließest die Kindlein irgendstraßfern.
Die hätten die Hände gern warm gerieben
im Winter an deinem Stern.

PETER HUCHEL (1903–1981)

Die Hirtenstrophe

Wir gingen nachts gen Bethlehem
und suchten über Feld
den schiefen Stall aus Stroh und Lehm,
von Hunden fern umbellt.

Und drängten auf die morsche Schwell
und sahen an das Kind.
Der Schnee trieb durch die Luke hell
und draußen Eis und Wind.

Ein Ochs nur blies die Krippe warm,
der nah der Mutter stand.
Wie war ihr Kleid, ihr Kopftuch arm,
wie mager ihre Hand.

Ein Esel hielt sein Maul ins Heu,
fraß Dorn und Distel sacht.
Er rupfte weich die Krippenstreu,
o bitterkalte Nacht.

Wir hatten nichts als unsern Stock,
kein Schaf, kein eigen Land,
geflickt und fasrig war der Rock,
nachts keine warme Wand.

Wir standen scheu und stummen Munds:
Die Hirten, Kind, sind hier.
Und beteten und wünschten uns
Gerät und Pflug und Stier.

Und standen lang und schluckten Zorn,
weil uns das Kind nicht sah.
Griff nicht das Kind dem Ochs ans Horn
und lag dem Esel nah?

Es brannte ab der Span aus Kien.
Das Kind schrie und schlief ein.
Wir rührten uns, feldein zu ziehn.
Wie waren wir allein!

Daß diese Welt nun besser wird,
so sprach der Mann der Frau,
für Zimmermann und Knecht und Hirt,
das wisse er genau.

Ungläubig hörten wirs – doch gern.
Viel Jammer trug die Welt.
Es schneite stark. Und ohne Stern
ging es durch Busch und Feld.

Gras, Vogel, Lamm und Netz und Hecht,
Gott gab es uns zu Lehn.
Die Erde aufgeteilt gerecht,
wir hättens gern gesehn.

HANNS DIETER HÜSCH   (1925–2005)

Die Bescherung

Dass mir keiner ins Schlafzimmer kommt! Alle Jahre wieder ertönt dieser obligatorische Imperativ aus dem Munde meiner Frieda, wenn es darum geht, am Heiligen Abend Pakete und Päckchen in geschmackvolles Weihnachtspapier zu schlagen, wenn es darum geht, den Rest der Familie in Schach zu halten, damit auch ja keiner einen voreiligen Blick auf die Geschenke werfen kann.
    Ich dagegen habe es etwas einfacher: Ich schmücke den Baum! Punkt 17.00 Uhr begebe ich mich auf die Veranda und hole den schönen Baum herein.
    Es ist wirklich ein schöner Baum, sagt die Frieda.
    Doch, sage ich, der Baum ist schön.
    Dann kommt die kleinere Frieda auch noch und sagt, dass der Baum schön ist.
    Und nachdem wir alle noch ein paar Mal um den schönen Baum herumgegangen sind, sagt die Frieda: Mein Gott! Es ist ja schon halb sechs!
    Und damit beginnt offiziell in allen Familien, die sich bei diesem Fest noch bürgerlicher Geheimnistuerei bedienen, der nervöse Teil der Bescherung.
    Deshalb stecke ich mir vorbeugend – einmal im Jahr – zunächst mal eine Zigarre an und überlege in aller Ruhe, welche formalen Prinzipien ich dieses Mal zur Ausschmückung des schönen Baumes anwende.

Habe ich dann den Baum nach einigen Schnitzereien mit einem Sägemesser glücklich in den Christbaumständer gezwängt, weiß ich auch schon, wie ich's mache:

Dieses Mal werde ich endlich dem Prinzip huldigen: Je schlichter, desto vornehmer! Zwei, drei Kugeln. Vier bis fünf Kerzen, hie und da einen Silberfaden, aus! Schließlich ist das ja ein Baum und keine Hollywoodschaukel.

Das soll natürlich nicht heißen, dass wir nicht genug Kugeln und Kerzen, Lametta und Engelshaar, Glöckchen und Trompetchen hätten. Im Gegenteil. Ich könnte damit drei Bäume, Pardon, drei schöne Bäume schmücken.

Und schon erhebt sich die Frage: Nur bunte Kugeln oder nur silberne? Nur weiße Kerzen oder nur rote? Engelshaar oder kein Engelshaar? Ja, was sollen meine intellektuellen Freunde denken, wenn die am zweiten Feiertag zu Besuch kommen und sehen dann meinen Mischmasch aus Sentimentalität und Kunstgewerbe. In diese meine präzisen ästhetischen Überlegungen hinein platzt die Frieda mit dem Ruf: Wie weit bist du? Um sechs Uhr ist Bescherung!

Das schaffe ich nicht, rufe ich zurück, ich kann ja den Baum nicht übers Knie brechen.

Wir haben zu Hause, sagt die Frieda, immer um sechs Uhr die Bescherung gehabt.

Wir haben die Bescherung, sage ich, immer um halb acht gehabt.

Wir haben sie um sechs gehabt, sagt die Frieda.

Um sechs Uhr schon Bescherung, sage ich, warum dann nicht schon gleich um vier oder im Oktober. Wir haben die Bescherung immer um halb acht gehabt, manche Leute haben ja die Bescherung erst am anderen Morgen.

Und wann sollen wir essen, fragt die Frieda.

Nach der Bescherung, sage ich.

Also um 9.00 Uhr, sagt die Frieda, bis dahin sind wir ja verhungert. Wer hat übrigens das Marzipan gegessen, das hier auf der Truhe lag?

Ich nicht, ruft die kleinere Frieda, aus der Küche.

Also, sagt die Frieda, also, wenn du jetzt nicht den Baum in einer Viertelstunde fertig hast, dann könnt ihr euch eure Bescherung sonstwo hinstecken!

Vielleicht fängt schon mal einer an zu singen, sage ich, desto leichter geht mir der Baum von der Hand. Und alle ästhetischen Überlegungen nun über den Haufen werfend, überschütte ich den schönen Baum mit allem, was wir haben, so dass man schließlich vor lauter Glanz und Gloria keinen Baum mehr sieht, und die Frieda kommt herein und sagt: Nun hast du's ja doch wieder so gemacht wie im vorigen Jahr, das nächste Mal schmücke ich den Baum!

Ja, sage ich, wenn ihr mir keine Zeit lasst, dann kann natürlich kein Kunstwerk entstehen.

Nun steh hier mal nicht im Weg, sagt die Frieda, geh jetzt mal raus, ich muss nämlich jetzt hier die Geschenke packen und aufbauen!

Ja, wo soll ich denn hingehen, frage ich, darf ich vielleicht ins Wohnzimmer?

Nein, ruft da meine Schwägerin, die inzwischen eingetrudelt ist, dass mir keiner ins Wohnzimmer kommt, ich bin noch nicht fertig. Und in die Küche darf ich auch nicht, da bastelt nämlich die kleinere Frieda noch an diesen entzückenden Kringelschleifchen für jedes Päckchen herum.

Die Frieda kommt aus dem Christbaumzimmer und sagt: Augen zu! Ich halte mir die Augen zu und sage: Ins Bad nur über meine Leiche, da hab ich nämlich meine Geschenke versteckt!

Und so geht das die ganze nächste halbe Stunde: Dreh dich mal um, guck nur nicht unter den Teppich, wer hat den Schlüssel vom Kleiderschrank, ich brauche noch geschmackvolles Weihnachtspapier, der Klebestreifen ist alle, willst du wohl von der Tür da weggehen, such lieber mal die Streichhölzer, meine Mutter hat das alles alleine gemacht, das ist gemein, du hast geguckt, die paar Minuten wirst du wohl noch warten können.

Bis es dann endlich so weit ist, aber selbst dann kommt bei uns keine Ordnung zustande, dann heißt es nämlich: Wer packt zuerst aus? Du! Nein, ich nicht, zuerst das Kind, dann du. Nein, du dann. Wieso ich? Also, dann du und dann ich. Ich zuletzt, bitte.

Nun werden Sie vielleicht fragen, mit Recht fragen: Wird denn bei Ihnen gar nicht gesungen, wird denn bei Ihnen nur eingepackt und ausgepackt?

Doch, doch natürlich, eine Strophe wird schon gesungen, aber dann fällt das Singen meist auseinander. Aber, wissen Sie, beim Einpacken und Auspacken, da sind wir alle so nervös und verlegen, dabei merkt man die Liebe und den Frieden und den Menschen ein Wohlgefallen viel stärker als beim Singen. Und auch der Baum, der kann dann sein, wie er will, groß oder klein, dürr oder dicht, bunt oder schlicht, die Frieda sagt dann jedes Mal – auch dieses Mal wieder: Also, der Baum... also, der Baum... der Baum ist wunderschön!!!

HANNS DIETER HÜSCH (1925–2005)

Dezember-Psalm

Mit fester Freude
Lauf ich durch die Gegend
Mal durch die Stadt
Mal meinen Fluss entlang
Jesus kommt
Der Freund der Kinder und der Tiere
Ich gehe völlig anders
Ich grüße freundlich
Möchte alle Welt berühren
Mach dich fein
Jesus kommt.
Schmück dein Gesicht
Schmücke dein Haus und deinen Garten
Mein Herz schlägt ungemein
Macht Sprünge
Mein Auge lacht und färbt sich voll
Mit Glück
Jesus kommt
Alles wird gut.

HANNS DIETER HÜSCH (1925–2005)

Feiertage

Mutter ist nervös
Vater ist nervös
Kind ist nervös
Oma ist nervös
Oma ist gekommen
Um Mutter zu helfen
Vater hat gesagt
Sei nicht nötig gewesen
Kind steht im Weg
Mutter steht im Weg
Oma steht im Weg
Vater steht im Weg
Alle ham geschafft
Mit allerletzter Kraft
Vater hat gebadet
Mutter hat gebadet
Kind hat gebadet
Oma hat gebadet
Alle ham gepackt
Und alle sind gerannt
Und schließlich hat
Der Baum gebrannt
Mutter ist gerührt
Vater ist gerührt

Kind ist gerührt
Oma ist gerührt
Und dann werden
Die Pakete aufgeschnürt
Mutter ist gekränkt
Vater ist gekränkt
Kind ist gekränkt
Oma ist gekränkt
Denn jeder hat dem anderen
Was falsches geschenkt
Schwiegertochter kommt
Patentante kommt
Lieblingsbruder kommt
Großneffe kommt
Kuchen ist zu süß
Plätzchen sind zu süß
Marzipan ist zu süß
Und der Baum ist mies
Mutter ist beleidigt
Vater ist beleidigt
Kind ist beleidigt
Oma ist beleidigt
Friede auf Erden
Und den Menschen

Ein Unbehagen
Vater hats am Magen
Mutter hats am Magen
Kind hats am Magen
Oma hats am Magen
Kann nichts mehr vertragen
Nach all diesen Tagen
Mutter ist allein
Vater ist allein
Kind ist allein
Oma ist allein
Alle sind allein
Doch an Ostern
Wollen alle
In jedem Falle
Wieder zusammen sein.

HANNS DIETER HÜSCH (1925–2005)

Utopie

Ich seh ein Land mit neuen Bäumen
Ich seh ein Haus aus grünem Strauch
Und einen Fluß mit flinken Fischen
Und einen Himmel aus Hortensien seh ich auch.

Ich seh ein Licht von Unschuld weiß
Und einen Berg der unberührt
Im Tal des Friedens geht ein junger Schäfer
Der alle Tiere in die Freiheit führt

Ich hör ein Herz, das tapfer schlägt
In einem Menschen den es noch nicht gibt
Doch dessen Ankunft mich schon jetzt bewegt
Weil er erscheint und seine Feinde liebt

Das ist die Zeit die ich nicht mehr erlebe
Das ist die Welt die nicht von unsrer Welt
Sie ist aus feinst gesponnenem Gewebe
Und Freunde glaubt und seht: sie hält

Das ist das Land nach dem ich mich so sehne
Das mir durch Kopf und Körper schwimmt
Mein Sterbenswort und meine Lebenskantilene
Daß jeder jeden in die Arme nimmt.

I

Florian Illies

FLORIAN ILLIES (*1971)

Heiligabend in der Berliner Klopstockstraße bei Lovis Corinth

Das Lebenswerk ist schon wieder um ein Jahr reicher geworden. Vor allem in Tirol hat Corinth seine Palette erweitert, den Ton für die Berge gefunden, den er dann in seinen Porträts des Walchensees zur Meisterschaft führen wird. Aber noch immer ist er nicht ganz bei Kräften. Als das Weihnachtsessen endlich vorüber ist und die Bescherung beginnen soll, bittet Papa Corinth die Kinder noch um einen Augenblick Geduld. Er holt seine Staffelei, einen Keilrahmen und seine Farben. Charlotte geht ebenfalls kurz raus, um nach dem Weihnachtsmann zu schauen, wie sie den Kindern sagt. In Wahrheit jedoch, um sich als Weihnachtsmann zu verkleiden. Die Kinder Thomas und Wilhelmine warten gespannt. Dann kommt der Weihnachtsmann, der also eine Weihnachtsfrau ist, und die Bescherung kann beginnen. Doch Lovis Corinth lässt seine Geschenke unausgepackt, hat nur Augen für seine Leinwand – mit wenigen energischen Pinselstrichen lässt er den Weihnachtsbaum erstehen, dessen rote Kerzen warm leuchten. Daneben sieht man Thomas, ganz versunken in den Anblick seines neuen Puppentheaters mit roten Vorhängen. Die kleine Wilhelmine im weißen Kleidchen hat eben eine Puppe ausgepackt und zieht bereits am nächsten Geschenk. Charlotte, links, hat noch ihr Weihnachtsmannkostüm an. Vorne links auf dem Bild steht die Marzipantorte, noch unangeschnitten. Doch nachdem Corinth sie in schönsten Brauntönen gemalt hat, legt er den Pinsel zur Seite, macht sich die Finger an einem Lederlappen sauber und nimmt sich ein Stück.

J

Arnim Juhre

ARNIM JUHRE (1925–2015)

Worauf warten wir?

Worauf warten wir.
Jahr um Jahr.
Tag für Tag.
Heute. Jetzt.

Oder warten
wir auf nichts.

Kennen wir den
der kommen wird
oder den
der wiederkommt
oder den
der immer da war.

Oder wartet
er auf uns?

ARNIM JUHRE   (1925–2015)

Wenn das Vollkommene kommt

Die Hirten auf dem Feld der Arbeit,
bei den Hürden der Fabriken,
hörten die Botschaft wie von fern:
Ehre sei Gott nicht nur in der Höhe.
Und sie wanderten los, nichts konnte sie halten,
und sie sangen im Gehen:

Wenn das Vollkommene kommt,
laß fahren das Unvollkommene,
wenn Unbegreifliches einleuchtet,
laß fahren das allzu Begreifliche,
laß fahren, was dein war.

Die Opfer auf dem Feld der Fehden,
bei den Hürden zwischen den Friedensfronten,
hörten die Botschaft durch Kriegslärm hindurch.
Und die Hungernden zu Füßen der Brotherren,
sie wanderten los, nichts konnte sie halten,
und sie sangen im Gehen:

Wenn das Vollkommene kommt,
laß fahren das Unvollkommene,
wenn Unbegreifliches einleuchtet,
laß fahren das allzu Begreifliche,
laß fahren, was dein war.

Die Kranken auf dem Feld der Leiden,
vor den Hürden der Behörden,
hörten die Botschaft, jeder für sich.
Und die Krüppel und die Lebensmüden,
sie wanderten los, nichts konnte sie halten,
und sie sangen im Gehen:

Wenn das Vollkommene kommt,
laß fahren das Unvollkommene,
wenn Unbegreifliches einleuchtet,
laß fahren das allzu Begreifliche,
laß fahren, was dein war.

ARNIM JUHRE (1925–2015)

Begebenheit

Es begab sich aber zu der Zeit,
da die Bibel ein Bestseller war,
übersetzt in mehr als
zweihundert Sprachen,
daß alle Welt sich fürchtete:
vor selbstgemachten Katastrophen,
Inflationen, Kriegen, Ideologien,
vor Regenwolken, radioaktiv,
und Raumschiff-Flottillen,
die spurlos verglühn.

Als die Menschenmenge
auf dem Wege war,
ungeheuer sich vermehrend,
hinter sich die
Vernichtungslager der Vergangenheit,
vor sich die
Feueröfen des Fortschritts,
als alle Welt täglich
geschätzet und gewogen wurde,
ob das atomare Gleichgewicht stimmt,
hörte man sagen:
Laßt uns nach Bethlehem gehn.

K

Erich Kästner
Heinz Kahlau
Mascha Kaléko
Marie Luise Kaschnitz
Gottfried Keller
Sarah Kirsch
Klabund
Jochen Klepper
Georg Kreisler
James Krüss
Günter Kunert

ERICH KÄSTNER (1899–1974)

Der Weihnachtsabend des Kellners

Aller Welt dreht er den Rücken,
und sein Blick geht zu Protest.
Und dann murmelt er beim Bücken:
»Ach, du liebes Weihnachtsfest!«

Im Lokal sind nur zwei Kunden.
(Fröhlich sehn die auch nicht aus.)
Und der Kellner zählt die Stunden.
Doch er darf noch nicht nach Haus.

Denn vielleicht kommt doch noch einer,
welcher keinen Christbaum hat,
und allein ist wie sonst keiner
in der feierlichen Stadt. –

Dann schon lieber Kellner bleiben
und zur Nacht nach Hause gehn,
als jetzt durch die Straßen treiben
und vor fremden Fenstern stehn!

ERICH KÄSTNER (1899–1974)

Dem Revolutionär Jesus zum Geburtstag

Zweitausend Jahre sind es fast,
seit du die Welt verlassen hast,
du Opferlamm des Lebens!
Du gabst den Armen ihren Gott.
Du littest durch der Reichen Spott.
Du tatest es vergebens!

Du sahst Gewalt und Polizei.
Du wolltest alle Menschen frei
und Frieden auf der Erde.
Du wusstest, wie das Elend tut
und wolltest alle Menschen gut,
damit es schöner werde!

Du warst ein Revolutionär
und machtest dir das Leben schwer
mit Schiebern und Gelehrten.
Du hast die Freiheit stets beschützt
und doch den Menschen nichts genützt.
Du kamst an die Verkehrten!

Du kämpftest tapfer gegen sie
und gegen Staat und Industrie
und die gesamte Meute.
Bis man an dir, weil nichts verfing,
Justizmord, kurzerhand, beging.
Es war genau wie heute.

Die Menschen wurden nicht gescheit.
Am wenigsten die Christenheit,
trotz allem Händefalten.

Du hattest sie vergeblich lieb.
Du starbst umsonst. Und alles blieb
beim alten.

ERICH KÄSTNER   (1899–1974)

Weihnachtslied, chemisch gereinigt

Morgen, Kinder, wird's nichts geben!
Nur wer hat, kriegt noch geschenkt.
Mutter schenkte euch das Leben.
Das genügt, wenn man's bedenkt.
Einmal kommt auch eure Zeit.
Morgen ist's noch nicht so weit.

Doch ihr dürft nicht traurig werden.
Reiche haben Armut gern.
Gänsebraten macht Beschwerden.
Puppen sind nicht mehr modern.
Morgen kommt der Weihnachtsmann.
Allerdings nur nebenan.

Lauft ein bisschen durch die Straßen!
Dort gibt's Weihnachtsfest genug.
Christentum, vom Turm geblasen,
macht die kleinsten Kinder klug.
Kopf gut schütteln vor Gebrauch!
Ohne Christbaum geht es auch.

Tannengrün mit Osrambirnen –
lernt drauf pfeifen! Werdet stolz!
Reißt die Bretter von den Stirnen,
denn im Ofen fehlt's an Holz!
Stille Nacht und heil'ge Nacht –
weint, wenn's geht, nicht! Sondern lacht!

Morgen, Kinder, wird's nichts geben!
Wer nichts kriegt, der kriegt Geduld!
Morgen, Kinder, lernt fürs Leben!
Gott ist nicht allein dran schuld.
Gottes Güte reicht so weit…
Ach, du liebe Weihnachtszeit!

ERICH KÄSTNER (1899–1974)

Die vier archimedischen Punkte

In den Wochen vor und nach der Jahreswende pflegt es Ansprachen zu schneien. Sie senken sich sanft, mild und wattig auf die rauhe Wirklichkeit, bis diese einer wärmstens empfohlenen, überzuckerten und ozonreichen Winterlandschaft gleicht. Doch mit dem Schnee, wie dicht er auch fällt, hat es seine eigene Bewandtnis – er schmilzt. Und die Wirklichkeit sieht nach der Schmelze, mitten im schönsten Matsch, noch schlimmer aus als vor dem großen Schneetreiben und Ansprachengestöber.

Was war, wird nicht besser, indem man's nachträglich lobt. Und das, was kommt, mit frommen Wünschen zu garnieren, ist Konditorei, nichts weiter. Es hat keinen Sinn, sich und anderen die Taschen vollzulügen. Sie bleiben leer. Es hat keinen Zweck, die Bilanz zu frisieren. Wenn sie nicht stimmt, helfen keine Dauerwellen.

Rund heraus: das alte Jahr war keine ausgesprochene Postkartenschönheit, beileibe nicht. Und das neue? Wir wollen's abwarten. Wollen wir's abwarten? Nein. Wir wollen es nicht abwarten! Wir wollen nicht auf gut Glück und auf gut Wetter warten, nicht auf den Zufall und den Himmel harren, nicht auf die politische Konstellation und die historische Entwicklung hoffen, nicht auf die Weisheit der Regierungen, die Intelligenz der Parteivorstände und die Unfehlbarkeit aller übrigen Büros. Wenn Millionen Menschen nicht nur neben-, sondern miteinander leben wollen, kommt es aufs Verhalten der Millionen, kommt es auf jeden und jede an, nicht auf die Instanzen. Das klingt wie ein Gemeinplatz, und es ist einer. Wir müssen unseren Teil Verantwortung für das, was geschieht, und für das, was unterbleibt, aus der öffentlichen Hand in die eigenen Hände zurücknehmen. Wohin es führt, wenn jeder glaubt, die Verantwortung trüge der sehr geehrte, wertgeschätzte Vordermann und Vorgesetzte, das haben wir erlebt. Soweit wir's erlebt haben...

Ich bin ein paar Jahre älter als ihr, und ihr werdet ein paar Jahre länger leben als ich. Das hat nicht viel auf sich. Aber glaubt mir trotzdem: wenn Unrecht geschieht, wenn Not herrscht, wenn Dummheit waltet, wenn Haß gesät wird, wenn Muckertum sich breitmacht, wenn Hilfe verweigert wird, stets ist jeder einzelne zur Abhilfe mitaufgerufen, nicht nur die jeweils »zuständige« Stelle.

Jeder ist mitverantwortlich für das, was geschieht, und für das, was unterbleibt. Und jeder von uns und euch – auch und gerade von euch – muß es spüren, wann die Mitverantwortung neben ihn tritt und schweigend wartet. Wartet, daß er handle, helfe, spreche, sich weigere oder empöre, je nachdem. Fühlt er es nicht, so muß er's fühlen lernen. Beim einzelnen liegt die große Entscheidung.

Aber wie kann man es lernen? Steht man nicht mit seinem Bündel Verantwortung wie in einem Wald bei Nacht? Ohne Licht und Weg, ohne Laterne, Uhr und Kompaß?

Ich sagte schon, ich sei ein paar Jahre älter als ihr, und wenn ich bisher auch noch nicht, noch immer nicht gelernt habe, welche Partei, welche Staatsform, welche Kirche, welche Philosophie, welches Wirtschaftssystem und welche Weltanschauung »richtig« wären, so bin ich doch nie ohne Kompaß, Uhr und Taschenlampe in der Welt herumgestolpert. Und wenn ich mich auch nicht immer nach ihnen gerichtet habe, so war's gewiß nicht ihr, sondern mein Fehler.

Archimedes suchte, für die physikalische Welt, den einen festen Punkt, von dem aus er sich's zutraute, sie aus den Angeln zu heben. Die soziale, moralische und politische Welt, die Welt der Menschen nicht aus den Angeln, sondern in die rechten Angeln hineinzuheben, dafür gibt es in jedem von uns mehr als einen archimedischen Punkt. Vier dieser Punkte möchte ich aufzählen:

Punkt 1: Jeder Mensch höre auf sein Gewissen! Das ist möglich. Denn er besitzt eines. Diese Uhr kann man weder aus Versehen verlieren, noch mutwillig zertrampeln. Diese Uhr mag leiser oder lauter ticken, – sie geht stets richtig. Nur wir gehen manchmal verkehrt.

Punkt 2: Jeder Mensch suche sich Vorbilder! Das ist möglich. Denn es existieren welche. Und es ist unwichtig, ob es sich dabei um einen großen toten Dichter, um Mahatma Gandhi oder um Onkel Fritz aus Braunschweig handelt, wenn es nur ein Mensch ist, der im Augenblick ohne Wimperzucken das gesagt und getan hätte, wovor wir zögern. Das Vorbild ist ein Kompaß, der sich nicht irrt und uns Weg und Ziel weist.

Punkt 3: Jeder Mensch gedenke immer seiner Kindheit! Das ist möglich. Denn er hat ein Gedächtnis. Die Kindheit ist das stille, reine Licht, das aus der Vergangenheit tröstlich in die Gegenwart und Zukunft hinüberleuchtet. Sich der Kindheit wahrhaft erinnern, das heißt: plötzlich und ohne langes Überlegen wieder wissen, was echt und falsch, was gut und böse ist. Die meisten vergessen ihre Kindheit wie einen Schirm und lassen sie irgendwo in der Vergangenheit stehen. Und doch können nicht vierzig, nicht fünfzig Jahre des Lernens und Erfahrens den seelischen Feingehalt des ersten Jahrzehnts aufwiegen. Die Kindheit ist unser Leuchtturm.

Punkt 4: Jeder Mensch erwerbe sich Humor! Das ist nicht unmöglich. Denn immer und überall ist es einigen gelungen. Der Humor rückt den Augenblick an die richtige Stelle. Er lehrt uns die wahre Größenordnung und die gültige Perspektive. Er macht die Erde zu einem kleinen Stern, die Weltgeschichte zu einem Atemzug und uns selber bescheiden. Das ist viel. Bevor man das Erb- und Erzübel, die Eitelkeit, nicht totgelacht hat, kann man nicht beginnen, das zu werden, was man ist: ein Mensch.

Vier Punkte habe ich aufgezählt, daß ihr von ihnen aus die Welt, die aus den Fugen ist, einrenken helft: das Gewissen, das Vorbild, die Kindheit, den Humor. Vier Angelpunkte. Vier Programmpunkte, wenn man so will. Und damit habe ich unversehens selber eine der Ansprachen gehalten, über die ich mich eingangs lustig machte. Es läßt sich nicht mehr ändern, höchstens und konsequenterweise auf die Spitze treiben, indem ich, anderen geschätzten Vor- und Festrednern folgend, mit ein paar Versen schließe, mit einem selbst- und hausgemachten Neujahrs-Spruch:

Man soll das Jahr nicht mit Programmen
beladen wie ein krankes Pferd.
Wenn man es allzu sehr beschwert,
bricht es zu guter Letzt zusammen.

Je üppiger die Pläne blühen,
um so verzwickter wird die Tat.
Man nimmt sich vor, sich schrecklich zu bemühen,
und schließlich hat man den Salat.

Es nützt nicht viel, sich rotzuschämen.
Es nützt nichts, und es schadet bloß,
sich tausend Dinge vorzunehmen.
Laßt das Programm, und bessert euch drauflos!

HEINZ KAHLAU (1931–2012)

Weihnachtslegende

Wir sollten es versuchen,
trotz Gans und Pfefferkuchen,
dass Frieden wird auf Erden,
Mal muss das doch was werden.

    Mit Hoffnung, Mut und Zuversicht,
    sonst bringt das ganze Feiern nichts.

Setzt euch um Tann und Fichte,
macht nicht das Licht zunichte,
hört auf, euch zu verrenken –
wir sollten uns beschenken

    mit Hoffnung, Mut und Zuversicht,
    sonst bringt der ganze Rummel nichts.

MASCHA KALÉKO (1907–1975)

Advent

Der Frost haucht zarte Häkelspitzen
Perlmuttgrau ans Scheibenglas.
Da blühn bis an die Fensterritzen
Eisblumen, Sterne, Farn und Gras.

Kristalle schaukeln von den Bäumen,
Die letzten Vögel sind entflohn.
Leis fällt der Schnee … In unsern Träumen
Weihnachtet es seit gestern schon.

MASCHA KALÉKO (1907–1975)

Lediger Herr am 24. Dezember

Keines andern Zimmer ist so leer
Wie meines jetzt. Die letzten Ladenmädchen gehn nach Haus
– Nun fällt auch über mich die Weihnacht her.

Familienglück… Ich mache mir nichts draus.
Doch niemals noch war Einsamkeit so schwer –.
Den stummen Raum durchschreit ich kreuz und quer,
Lacht mich nicht dort die Mona Lisa aus?

Wie traurig so ein Schreibtischwecker tickt.
Langsam bimbamt die Glocke. Einer singt »Stille Nacht…!«
– Zu Hause haben sie meiner gedacht
Und nußbraune Heimat-Kuchen geschickt,
Seidne Krawatten und einen Schal, von der Mutter gestrickt.

Nun also bin ich bei mir selbst zu Gast,
Ein lediger Prokurist in Gruppe sieben
Und teilmöbliert. – Es scheint mir fast,
Ich hab den Familienanschluß verpaßt
Und bin so übriggeblieben –.

•

Die Stube gähnt. Versuchsweis fällt schon Schnee,
Ganz unvermittelt grünt mein Tannenbaum.
– Vielleicht, daß ich fern von Lamettaschaum
Durch weiße wattige Straßen geh,
Fremde Türen zu spüren,
Einsam aus kahl vergessner Allee
In ferne Fenster zu stieren...

Das Licht verlischt. Noch immer fällt der Schnee.
– Man wird so scheußlich leicht sentimental.
Ein Schnaps wär gut. Ein höllischer Kaffee.

Man blickt ins totenleere Stammlokal
Und sagt geniert zum einsamen Portier:
»Heut nicht. Gutnacht. – Vielleicht ein andermal...«

MARIE LUISE KASCHNITZ (1901–1974)

Was war das für ein Fest?

Der kleine Junge hockte auf dem Fußboden und kramte in einer alten Schachtel, aus der er einiges zutage förderte, ein paar Röllchen schmutzige Nähseide, ein verbogenes Wägelchen und einen silbernen Stern. Was ist das? fragte er und hielt den Stern hoch in die Luft. Die Küchenmaschinen surrten, der Fernsehapparat gab Männergeschrei und Schüsse von sich, vor dem großen Fenster bewegten sich die kleinen Stadthubschrauber vorsichtig auf und ab. Der Junge stand auf und ging unter die Neonröhre, um den Stern, der aus einer Art von Glaswolle bestand, genau zu betrachten.

Was ist das? fragte er noch einmal. Entschuldige, sagte die Mutter am Telefon, das Kind plagt mich, ich rufe dich später noch einmal an. Damit legte sie den Hörer hin, schaute herüber und sagte: Das ist ein Stern. Sterne sind rund, sagte der kleine Junge. Zeig mal, sagte die Mutter und nahm dem Jungen den Stern aus der Hand. Es ist ein Weihnachtsstern, sagte sie. Ein was? fragte das Kind. Jetzt hab' ich es satt, schrie der Mann auf der Fernsehscheibe und warf seinen Revolver in den Spiegel, was beträchtlichen Lärm verursachte. Die Mutter drückte auf eine Taste, der Lärm hörte auf, und das Bild erlosch.

Etwas von früher, sagte sie in die Stille hinein. Von einem Fest. Was war das für ein Fest? fragte der kleine Junge. Ein langweiliges, sagte die Mutter schnell. Die ganze Familie stand in der Wohnstube um einen Baum herum und sang Lieder, oder die Lieder kamen aus dem Fernsehen, und die ganze Familie hörte zu. Wieso um einen Baum? sagte der kleine Junge, der wächst doch nicht im Zimmer. Doch, sagte die Mutter, das tat er, an einem bestimmten Tag im Jahr. Es war eine Tanne, die man mit brennenden Lichtern oder mit kleinen bunten Glühbirnen besteckte und an deren Zweige man bunte Kugeln und glitzernde Ketten hängte. Das kann nicht wahr sein, sagte das Kind. Doch, sagte die Mutter, und an der Spitze des Baumes befestigte man den Stern. Er sollte an den Stern erinnern, dem die Hirten nachgingen, bis sie den kleinen Jesus in seiner Krippe fanden. Den kleinen Jesus, sagte das Kind aufgebracht, was soll denn das nun wieder sein?

Das erzähle ich dir ein andermal, sagte die Mutter, die sich an die alte Geschichte erinnerte, aber nicht genau. Der Junge wollte aber von den Hirten und der Krippe gar nichts hören. Er interessierte sich nur für den Baum, der im Zimmer wuchs und den man verrückterweise mit brennenden Lichtern oder mit kleinen Glühbirnen besteckt hatte. Das muß doch ein schönes Fest gewesen sein, sagte er nach einer Weile.

Nein, sagte die Mutter heftig. Es war langweilig. Alle hatten Angst davor und waren froh, wenn es vorüber war. Sie konnten den Tag nicht abwarten, an dem sie dem Weihnachtsbaum seinen Schmuck wieder abnehmen und ihn vor die Tür stellen konnten, dürr und nackt. Und damit streckte sie ihre Hand nach den Tasten des Fernsehapparates aus. Jetzt kommen die Marspiloten, sagte sie. Ich will aber die Marspiloten nicht sehen, sagte der Junge. Ich will einen Baum, und ich will wissen, was mit dem kleinen Sowieso war. Es war, sagte die Mutter ganz unwillkürlich, zur Zeit des Kaisers Augustus, als alle Welt geschätzet wurde.

Aber dann erschrak sie und war wieder still. Sollte das alles noch einmal von vorne anfangen, zuerst die Hoffnung und die Liebe und dann die Gleichgültigkeit und die Angst? Zuerst die Freude und dann die Unfähigkeit, sich zu freuen, und das Sichloskaufen von der Schuld? Nein, dachte sie, ach nein. Und damit öffnete sie den Deckel des Müllschluckers und gab ihrem Sohn den Stern in die Hand. Sieh einmal, sagte sie, wie alt er schon ist, wie unansehnlich und vergilbt. Du darfst ihn hinunterwerfen und aufpassen, wie lange du ihn noch siehst. Das Kind gab sich dem neuen Spiel mit Eifer hin.

Es warf den Stern in die Röhre und lachte, als er verschwand. Aber als es draußen an der Wohnungstür geklingelt hatte und die Mutter hinausgegangen war und wiederkam, stand das Kind wie vorher über den Müllschlucker gebeugt. Ich sehe ihn immer noch, flüsterte es, er glitzert, er ist immer noch da.

MARIE LUISE KASCHNITZ (1901–1974)

Dezembernacht

Feldhüter haben in einem Geräteschuppen
(Steckrübenacker, Pflaumenbäume, Flußwind)
Eine Geburt aufgespürt, hier unzulässig.
Flüchtlinge gehören ins Lager und registriert.
Der Schafhirt kam dazu, ein junger Mann,
Der ging mit einem Stecken übers Mondfeld.
Sein Hund mit Namen Wasser sprang an der Hütte hoch.
Ein Alter drinnen gab Auskunft, er sei nicht der Vater.
Die Feldhüter verlangten Papiere. Das Neugeborene schrie.
Die Schafe versperrten die Straße. Drei Automobile
Ein Mercedes, ein Bentley, eine Isetta hielt an.
Drei Herren stiegen aus, drei Frauen, schöner als Engel,
Fragten, wo sind wir, spielten mit den Lämmern.
Spenden Sie etwas, sagten die Feldhüter.
Da gaben sie ihnen
Ein Parfüm von Dior, einen Pelz, einen Scheck auf die Bank von
    England.
Sie blieben stehen und sahen zu den Sternen auf.
Glänzte nicht einer besonders? Ein Rauhreif fiel,
Die kleine Stimme in der Hütte schwieg.
Ein Mercedes, ein Bentley, eine Isetta fuhren an
Und summten wie Libellen. Der Hirte schrie
Fort mit euch Schafen, fort mit euch Lämmern.
Ist das Kind gestorben? Das Kind stirbt nie.

GOTTFRIED KELLER (1819–1890)

Kennt ihr den Kleinkinderhimmel

Kennt ihr den Kleinkinderhimmel,
Wo als Gott der Zuckerbäcker
Waltet süß und hoch und herrlich
In den Augen kleiner Schlecker?

Und zur Weihnachtszeit, wie flimmert,
Duftet es an allen Wänden!
Welchen Schatz von Seligkeiten
Schüttet er aus mächt'gen Händen!

Läßt erblühen Wunderblumen,
Weise streut er die Gewürze;
Schön stehn ihm die hohe, weiße
Zipfelmütze, Wams und Schürze.

Doch wonach die guten Kinder
Schmachtend vor dem Laden stehen,
Muß dem Reichen, Allgewalt'gen
Reizlos durch die Hände gehen!

Einmal kaum im Jahr genießt er
Aus Zerstreuung in dem Handel
Flüchtig ein gefehltes Törtchen
Und verächtlich eine Mandel.

Zipfelmütze, weiße Schürze,
O wie nüchtern glänzet ihr,
Und wie mahnt ihr mich an weißes
Reinliches Konzeptpapier.

SARAH KIRSCH (1935–2013)

Zwischenlandung

Wenn es auf Weihnachten geht
Kehren die Dichter
Zu ihren tüchtigen Frauen zurück
Ach was sind sie das ganze Jahr
Über die Erde gelaufen
Was haben sie alles gehört was
Nachgedacht, ihre Zeitung geschrieben
Durch Fabriken gestiegen, den Kartoffeln
Brachten sie menschliche Umgangsformen bei, sahn
Dem Rauch nach der kriecht und steigt
Sie haben alles geschluckt manchmal Manhattan-
Cocktails wegen des Namens, sie verschärften
Den Klassenkampf meditierten
Über das Abstrakte bei Fischen, bis eines Tags
Durch ihre dünnen Mäntel die Kälte kommt
Sehnsucht
Nach einem wirklichen Fisch in der Schüssel
Sie jäh überfällt und Erinnrung
An die Frau die sich am Feuer gewärmt hat
Da bleibt
Der Zorn in den großen Städten zurück, sie kommen
Mit seltsamen Hüten für ihre Kinder
Spüln sogar Wäsche spielen Klavier, bis
Sie es satt haben nach Neujahr, da
Brechen sie Streit vom Zaun, gehen erleichtert
Weg in den Handschuhn von unterm Weihnachtsbaum

KLABUND (1890–1928)

Bürgerliches Weihnachtsidyll

Was bringt der Weihnachtsmann Emilien?
Ein Strauß von Rosmarin und Lilien.
Sie geht so fleißig auf den Strich.
O Tochter Zions, freue dich!

Doch sieh, was wird sie bleich wie Flieder?
Vom Himmel hoch, da komm ich nieder.
Die Mutter wandelt wie im Traum.
O Tannebaum! O Tannebaum!

O Kind, was hast du da gemacht?
Stille Nacht, heilige Nacht.
Leis hat sie ihr ins Ohr gesungen:
Mama, es ist ein Reis entsprugen!
Papa haut ihr die Fresse breit.
O du selige Weihnachtszeit!

JOCHEN KLEPPER (1903–1942)

Abendmahlslied zu Weihnachten

Mein Gott, dein hohes Fest des Lichtes
hat stets die Leidenden gemeint.
Und wer die Schrecken des Gerichtes
nicht als der Schuldigste beweint,
dem blieb dein Stern noch tiefverhüllt
und deine Weihnacht unerfüllt.

Die ersten Zeugen, die du suchtest,
erschienen aller Hoffnung bar.
Voll Angst, als ob du ihnen fluchtest,
und elend war die Hirtenschar.
Den Ärmsten auf verlassenem Feld
gabst du die Botschaft an die Welt.

Die Feier ward zu bunt und heiter,
mit der die Welt dein Fest begeht.
Mach uns doch für die Nacht bereiter,
in der dein Stern am Himmel steht.
Und über deiner Krippe schon
zeig uns dein Kreuz, du Menschensohn.

Herr, daß wir dich so nennen können,
präg unseren Herzen heißer ein.
Wenn unsere Feste jäh zerrönnen,
muß jeder Tag noch Christtag sein.
Wir preisen dich in Schmerz, Schuld, Not
und loben dich bei Wein und Brot.

GEORG KREISLER   (1922–2011)

Weihnachten ist eine schöne Zeit

Weihnachten ist eine schöne Zeit,
denn es wird gefeiert weit und breit.
Bitte, alle mit mir singen:
Weihnachten ist eine schöne Zeit.

Weihnachten ist eine schöne Zeit,
insbesonders wenn es tüchtig schneit.
Durch die Flocken klingen Glocken.
Weihnachten ist eine schöne Zeit.

Mutter kriegt Toilettenseife,
die sie zum Toilettenwaschen braucht.
Vater kriegt eine neue Pfeife,
weil er schon seit Jahren nicht mehr raucht.

Weihnachten ist eine schöne Zeit,
wenigstens das sagen alle Leut.
Nicht verschnaufen! Weiterkaufen!
Weihnachten ist eine schöne Zeit.

Ich bekomm viel schöne Bücher.
Leider sind es jene Bücher,
die ich schon gelesen und gehaßt.
Tante kriegt zwei Seidenblusen,

wobei ihr von beiden Blusen
weder eine noch die andre paßt.

Oma kriegt die Samowaren,
die sie selbst vor zwanzig Jahren
irgendwem gegeben hat, zurück.
Onkel kriegt zehn Taschentücher.
Taschentücher braucht er sicher,
denn er hat eine Taschentuchfabrik.

Weihnachten ist eine schöne Zeit.
Drüber gibt es sicher keinen Streit:
Sternderln kleben! Geld ausgeben!
Weihnachten ist eine schöne Zeit.

Zwar es geht nicht jeder in die Kirche,
denn Weihnachten gibt's anderes zu tun untertags.
Dafür kauft dann jeder eine schiache
Kerze mit ein' Engerl dran, aus Plastik oder Wachs.

Und am Weihnachtsabend, wie erquicklich!
Man speist mit der Verwandtschaft,
die man's ganze Jahr vermied.
Nach dem Essen fühlt man sich so glücklich,
weil man die Verwandtschaft dann
ein Jahr lang nicht mehr sieht.

Weihnachten ist eine schöne Zeit.
Das ist sicher keine Neuigkeit.
Goschen halten! Hände falten!
Weihnachten ist eine schöne Zeit.

Gib uns Frieden, Fest des Friedens!
Gib uns Liebe, liebes Fest!
Gib, daß man statt Platitüden
uns die Wahrheit sehen läßt!

Gib uns Weisheit und Verständnis!
Laß uns nicht beim Lügen lachen!
Und verleih uns die Erkenntnis,
wie aus Menschen Menschen machen!

Laß uns nicht beim Geben sparen!
Laß uns nicht in Zorn entbrennen!
Gib, daß wir in Zukunftsjahren
endlich ehrlich sagen können:

Weihnachten ist eine schöne Zeit!
Weihnachten ist eine schöne Zeit!
Freut uns auch nicht, was wir kriegen,
macht uns Freude, was wir bringen.

Geben wir auch, weil wir müssen,
einmal wird es uns gelingen,
daß wir geben, weil wir wollen.
Dann laßt uns zusammen singen:
Weihnachten ist eine schöne Zeit!

GEORG KREISLER (1922–2011)

Weihnachten bringt alles durcheinander

Ich wasch mich jeden Morgen so um sieben,
geh jeden dritten Mittwoch zum Ballett,
schreib Mutter jeden Elften
und in beiden Monatshälften
geh ich einen Tag besonders früh zu Bett.
Ich schwimm im Sommer dienstags nach der Arbeit
und kriege jeden Fünfzehnten mein Geld.
Ich darf an jedem Achten
bei der Käthe übernachten,
wenn der Neunte nicht auf einen Montag fällt.

Ich esse mittags stets in der Kantine.
Dort isst man billig, wenn auch schlecht.
Ich fahre jeden Sonntag raus ins Grüne,
und wenn es regnet, dann erst recht.

In andern Worten, ich bin sehr zufrieden,
ich hab mein Leben sorgsam arrangiert,
nur Weihnachten bringt alles durcheinander,
durcheinander, durcheinander.
Die Leute bevölkern die Straßen
bis spät in den Abend mit tausend Paketen
und sind so zerstreut und verworren
und irgendwie glücklich, man könnte sie treten.

Ich irre umher, und ich weiß nicht wohin
und mein Leben wird zum Labyrinth,
in dem ich warten muss,
bis der Alltag wieder beginnt.
Der Alltag kommt und mit ihm meine Freude.
Ich darf mich wieder kurz nach sieben rasieren,
trink abends meinen Schoppen,
darf mir Untergebene foppen
und mir allzu Untergebene ignorieren,
darf wieder meine Vorgesetzten grüßen –
nach Weihnachten erwidern sie's nicht so schnell –
darf wieder streng vermeiden,
mich so weit zu unterscheiden,
dass man glaubt, ich wäre individuell.

Ich gehe durch die Straßen mit Migräne
und lächle niemals, wo ich geh.
Ich zeige überhaupt nie meine Zähne,
außer beim Zahnarzt, da tut's auch weh.

In andern Worten, ich bin sehr zufrieden.
Mein Leben ist vor allen Dingen ernst.
Nur Weihnachten bringt alles durcheinander,
durcheinander, durcheinander.
Denn plötzlich erwartet man grundlos,
ich solle die ärmeren Leute bedauern,
womöglich am Boden mit rotzigen Kindern
bei 'nem schäbigen Tannenbaum kauern.
Zu Weihnachten wird die Bevölkerung verrückt,
jeder Bettler bekommt Appetit.
Da muss man stark sein,
sonst macht man am Ende noch mit.

Von Zeit zu Zeit betracht ich meine Umwelt.
Die meisten Menschen halten ziemlich dicht.
Man arbeitet, man frisst was,
manchmal fühlt man, man vermisst was,
aber trotzdem tut man immer seine Pflicht.
Man fährt zur Kirche oder nach Italien,
man kauft sich erst ein Auto, dann ein Haus,
man kriecht entlang des Lebens –
dass man jung war, war vergebens –
und man sucht sich einen Lieblingsfilmstar aus.
Man ließe sich fürs Vaterland zerlegen,
man wählt den Kanzler, schreit hurra
und geht der Zukunft frohgemut entgegen.
Erst wenn sie da ist, ist sie da.

In andern Worten, ich bin sehr zufrieden.
Die meisten Leute sind genau wie ich.
Nur Weihnachten bringt alles durcheinander,
durcheinander, durcheinander.
Die Menschen vergessen die Zukunft,
vor allem diejenige, die schon gewesen.
Sie kaufen einander Geschenke,
darunter auch Bücher, die könnten sie lesen.
Zu Weihnachten ziehn sich die Völker zurück,
man wird weich und empfindsam und schlapp.
Deutschland erwache! Schaff Weihnachten ab!

JAMES KRÜSS (1926–1997)

Die Weihnachtsmaus

Die Weihnachtsmaus ist sonderbar
(Sogar für die Gelehrten),
Denn einmal nur im ganzen Jahr
Entdeckt man ihre Fährten.

Mit Fallen oder Rattengift
Kann man die Maus nicht fangen.
Sie ist, was diesen Punkt betrifft,
Noch nie ins Garn gegangen.

Das ganze Jahr macht diese Maus
Den Menschen keine Plage.
Doch plötzlich aus dem Loch heraus
Kriecht sie am Weihnachtstage.

Zum Beispiel war vom Festgebäck,
Das Mutter gut verborgen,
Mit einemmal das Beste weg
Am ersten Weihnachtsmorgen.

Da sagte jeder rundheraus:
Ich hab es nicht genommen!
Es war bestimmt die Weihnachtsmaus,
Die über Nacht gekommen!

Ein andres Mal verschwand sogar
Das Marzipan vom Peter,
Was seltsam und erstaunlich war,
Denn niemand fand es später.

Der Christian rief rundheraus:
Ich hab es nicht genommen!
Es war bestimmt die Weihnachtsmaus,
Die über Nacht gekommen!

Ein drittes Mal verschwand vom Baum,
An dem die Kugeln hingen,
Ein Weihnachtsmann aus Eierschaum
Nebst andren leckren Dingen.

Die Nelly sagte rundheraus:
Ich habe nichts genommen!
Es war bestimmt die Weihnachtsmaus,
Die über Nacht gekommen!

Und Ernst und Hans und der Papa,
Die riefen: Welche Plage!
Die böse Maus ist wieder da,
Und just am Feiertage!

Nur Mutter sprach kein Klagewort.
Sie sagte unumwunden:
Sind erst die Süßigkeiten fort,
Ist auch die Maus verschwunden!

Und wirklich wahr: Die Maus blieb weg,
Sobald der Baum geleert war,
Sobald das letzte Festgebäck
Gegessen und verzehrt war.

Sagt jemand nun, bei ihm zu Haus –
Bei Fränzchen oder Lieschen –
Da gäb es keine Weihnachtsmaus,
Dann zweifle ich ein bißchen!

Doch sag ich nichts, was jemand kränkt!
Das könnte euch so passen!
Was man von Weihnachtsmäusen denkt,
Bleibt jedem überlassen!

JAMES KRÜSS (1926–1997)

Tannengeflüster

Wenn die ersten Fröste knistern
In dem Wald bei Bayrisch-Moos,
Geht ein Wispern und ein Flüstern
In den Tannenbäumen los,
Ein Gekicher und Gesumm
Ringsherum.

Eine Tanne lernt Gedichte,
Eine Lärche hört ihr zu.
Eine dicke, alte Fichte
Sagt verdrießlich: Gebt doch Ruh!
Kerzenlicht und Weihnachtszeit
Sind noch weit!

Vierundzwanzig lange Tage
Wird gekräuselt und gestutzt
Und das Wäldchen ohne Frage
Wunderhübsch herausgeputzt!
Wer noch fragt: Wieso? Warum?
Der ist dumm.

Was das Flüstern hier bedeutet,
Weiß man selbst im Spatzennest:
Jeder Tannenbaum bereitet
Sich nun vor aufs Weihnachtsfest.
Denn ein Weihnachtsbaum zu sein:
Das ist fein!

GÜNTER KUNERT (*1929)

Weihnacht

In allen Häusern ist schon Licht.
Hingegen in den Hauptessachen: Dunkelheit.
Unhörbar, was die Nacht verspricht
an kurzer Freude und an langem Leid.

Was hier als Zeichen in der Wiege ruht,
Jahrhundert um Jahrhundert fromm verehrt:
Ein bißchen Fleisch und Bein und Blut
ist allemal auch uns beschert.

Doch alles Feiern gilt dem einen Kind,
das später einmal unter Foltern stirbt.
Trotz allem Licht: Wir bleiben blind:
auf daß uns nichts den Appetit verdirbt.

L

Selma Lagerlöff
Peter Laregh
Siegfried Lenz
Lore Lorentz
Martin Luther

SELMA LAGERLÖFF (1858–1940)

Die Heilige Nacht

Als ich fünf Jahre alt war, hatte ich einen großen Kummer. Ich weiß kaum, ob ich seitdem einen größeren gehabt habe.

Das war, als meine Großmutter starb. Bis dahin hatte sie jeden Tag auf dem Ecksofa in ihrer Stube gesessen und Märchen erzählt.

Ich weiß es nicht anders, als daß Großmutter dasaß und erzählte, vom Morgen bis zum Abend, und wir Kinder saßen still neben ihr und hörten zu. Das war ein herrliches Leben. Es gab keine Kinder, denen es so gut ging wie uns.

Ich erinnere mich nicht an sehr viel von meiner Großmutter. Ich erinnere mich, daß sie schönes, kreideweißes Haar hatte und daß sie sehr gebückt ging, und daß sie immer dasaß und an einem Strumpf strickte.

Dann erinnere ich mich auch, daß sie, wenn sie ein Märchen erzählt hatte, ihre Hand auf meinen Kopf zu legen pflegte, und dann sagte sie: »Und das alles ist so wahr, wie daß ich dich sehe und du mich siehst.«

Ich entsinne mich auch, daß sie schöne Lieder singen konnte, aber das tat sie nicht alle Tage. Eines dieser Lieder handelte von einem Ritter und einer Meerjungfrau, und es hatte den Kehrreim: »Es weht so kalt, es weht so kalt, wohl über die weite See.«

Dann entsinne ich mich eines kleinen Gebets, das sie mich lehrte, und eines Psalmverses.

Von allen den Geschichten, die sie mir erzählte, habe ich nur eine schwache, unklare Erinnerung. Nur an eine einzige von ihnen erinnere ich mich so gut, daß ich sie erzählen könnte. Es ist eine kleine Geschichte von Jesu Geburt.

Seht, das ist beinahe alles, was ich noch von meiner Großmutter weiß, außer dem, woran ich mich am besten erinnere, nämlich dem großen Schmerz, als sie dahinging.

Ich erinnere mich an den Morgen, an dem das Ecksofa leer stand und es unmöglich war, zu begreifen, wie die Stunden des Tages zu Ende gehen sollten. Daran erinnere ich mich. Das vergesse ich nie.

Und ich erinnere mich, daß wir Kinder hingeführt wurden, um die Hand der Toten zu küssen. Und wir hatten Angst, es zu tun, aber da sagte uns jemand, daß wir nun zum letztenmal Großmutter für alle die Freude danken könnten, die sie uns gebracht hatte. Und ich erinnere mich, wie Märchen und Lieder vom Hause wegfuhren, in einen langen, schwarzen Sarg gepackt, und niemals wiederkamen.

Ich erinnere mich, daß etwas aus dem Leben verschwunden war. Es war, als hätte sich die Tür zu einer ganzen schönen, verzauberten Welt geschlossen, in der wir früher frei aus und ein gehen durften. Und nun gab es niemand mehr, der sich darauf verstand, diese Tür zu öffnen.

Und ich erinnere mich, daß wir Kinder so allmählich lernten, mit Spielzeug und Puppen zu spielen und zu leben wie andere Kinder auch, und da konnte es ja den Anschein haben, als vermißten wir Großmutter nicht mehr, als erinnerten wir uns nicht mehr an sie.

Aber noch heute, nach vierzig Jahren, wie ich da sitze und die Legenden über Christus sammle, die ich drüben im Morgenland gehört habe, wacht die kleine Geschichte von Jesu Geburt, die meine Großmutter zu erzählen pflegte, in mir auf. Und ich bekomme Lust, sie noch einmal zu erzählen und sie auch in meine Sammlung mit aufzunehmen.

Es war an einem Weihnachtstag, alle waren zur Kirche gefahren, außer Großmutter und mir. Ich glaube, wir beide waren im ganzen Hause allein. Wir hatten nicht mitfahren können, weil die eine zu jung und die andere zu alt war. Und alle beide waren wir betrübt, daß wir nicht zum Mettegesang fahren und die Weihnachtslichter sehen konnten.

Aber wie wir so in unserer Einsamkeit saßen, fing Großmutter zu erzählen an.

Es war einmal ein Mann, der in die dunkle Nacht hinausging, um sich Feuer zu leihen. Er ging von Haus zu Haus und klopfte an. »Ihr lieben Leute, helft mir!«, sagte er. »Mein Weib hat eben ein Kindlein geboren, und ich muß Feuer anzünden, um sie und den Kleinen zu erwärmen.« Aber es war tiefe Nacht, so daß alle Menschen schliefen, und niemand antwortete ihm.

Der Mann ging und ging. Endlich erblickte er in weiter Ferne einen Feuerschein. Da wanderte er dieser Richtung zu und sah, daß das Feuer im Freien brannte. Eine Menge weiße Schafe lagen rings um das Feuer und schliefen, und ein alter Hirt wachte über der Herde.

Als der Mann, der Feuer leihen wollte, zu den Schafen kam, sah er daß drei große Hunde zu Füßen des Hirten ruhten und schliefen. Sie erwachten alle drei bei seinem Kommen und sperrten ihre weiten Rachen auf, als ob sie bellen wollten, aber man vernahm keinen Laut. Der Mann sah, daß sich die Haare auf ihrem Rücken sträubten, er sah, wie ihre scharfen Zähne funkelnd weiß im Feuerschein leuchteten und wie sie auf ihn losstürzten. Er fühlte, daß einer von ihnen nach seinen Beinen schnappte, und einer nach seiner Hand, und daß einer sich an seine Kehle hängte. Aber die Kinnladen und die Zähne, mit denen die Hunde beißen wollten, gehorchten ihnen nicht, und der Mann litt nicht den kleinsten Schaden. Nun wollte der Mann weitergehen, um das zu finden, was er brauchte. Aber die Schafe lagen so dicht nebeneinander, Rücken an Rücken, daß er nicht vorwärts kommen konnte. Da stieg der Mann auf die Rücken der Tiere und wanderte über sie hin dem Feuer zu. Und keins von den Tieren wachte auf oder regte sich.

Als der Mann fast beim Feuer angelangt war, sah der Hirt auf. Es war ein alter, mürrischer Mann, der unwirsch und hart gegen alle Menschen war. Und als er einen Fremden kommen sah, griff er nach einem langen, spitzigen Stabe, den er in der Hand zu halten pflegte, wenn er seine Herde hütete, und warf ihn nach ihm. Und der Stab fuhr zischend gerade auf den Mann los, aber ehe er ihn traf, wich er zur Seite und sauste an ihm vorbei, weit über das Feld. Nun kam der Mann zu dem Hirten und sagte zu ihm:»Guter Freund, hilf mir, und leih mir ein wenig Feuer. Mein Weib hat eben ein Kindlein geboren, und ich muß Feuer machen, um sie und den Kleinen zu erwärmen.« Der Hirt hätte am liebsten nein gesagt, aber als er daran dachte, daß die Hunde dem Manne nicht hatten schaden können, daß die Schafe nicht vor ihm davongelaufen waren und daß sein Stab ihn nicht fällen wollte, da wurde ihm ein wenig bange, und er wagte es nicht, dem Fremden das abzuschlagen, was er begehrte.

»Nimm, soviel du brauchst«, sagte er zu dem Manne.

Aber das Feuer war beinahe ausgebrannt. Es waren keine Scheite und Zweige mehr übrig, sondern nur ein großer Gluthaufen, und der Fremde hatte weder Schaufel noch Eimer, worin er die roten Kohlen hätte tragen können.

Als der Hirt dies sah, sagte er abermals:»Nimm, soviel du brauchst!« Und er freute sich, daß der Mann kein Feuer wegtragen konnte. Aber der Mann beugte sich hinunter, holte die Kohlen mit bloßen Händen aus der Asche und legte sie in seinen Mantel. Und weder versengten die Kohlen seine Hände, als er sie berührte, noch versengten sie seinen Mantel, sondern der Mann trug sie fort, als wenn es Nüsse oder Äpfel gewesen wären.

Als dieser Hirt, der ein so böser, mürrischer Mann war, dies alles sah, begann er sich bei sich selbst zu wundern:»Was kann dies für eine Nacht sein, wo die Hunde den Mann nicht beißen, die Schafe nicht erschrecken, die Lanze nicht tötet und das Feuer nicht brennt?«

Er rief den Fremden zurück und sagte zu ihm:»Was ist dies für eine Nacht? Und woher kommt es, daß alle Dinge dir Barmherzigkeit zeigen?«

Da sagte der Mann:»Ich kann es dir nicht sagen, wenn du selber es nicht siehst.« Und er wollte seiner Wege gehen, um bald ein Feuer anzünden und Weib und Kind wärmen zu können.

Aber da dachte der Hirt, er wolle den Mann nicht ganz aus dem Gesicht verlieren, bevor er erfahren hätte, was dies alles bedeute. Er stand auf und ging ihm nach, bis er dorthin kam, wo der Fremde daheim war.

Da sah der Hirt, daß der Mann nicht einmal eine Hütte hatte, um darin zu wohnen, sondern er hatte sein Weib und sein Kind in einer Berggrotte liegen, wo es nichts gab als nackte, kalte Steinwände. Aber der Hirt dachte, daß das arme unschuldige Kindlein vielleicht dort in der Grotte erfrieren würde, und obgleich er ein harter Mann war, wurde er davon doch ergriffen und beschloß, dem Kinde zu helfen. Und er löste sein Ränzel von der Schulter und nahm daraus ein weiches, weißes Schaffell hervor. Das gab er dem fremden Manne und sagte, er möge das Kind darauf betten.

Aber in demselben Augenblick, in dem er zeigte, daß auch er barmherzig sein konnte, wurden ihm die Augen geöffnet, und er sah, was er vorher nicht hatte sehen, und hörte, was er vorher nicht hatte hören können.

Er sah, daß rund um ihn ein dichter Kreis von kleinen, silberbeflügelten Englein stand. Und jedes von ihnen hielt ein Saitenspiel in der Hand, und alle sangen sie mit lauter Stimme, daß in dieser Nacht der Heiland geboren wäre, der die Welt von ihren Sünden erlösen solle.

Da begriff er, warum in dieser Nacht alle Dinge so froh waren, daß sie niemand etwas zuleide tun wollten. Und nicht nur rings um den Hirten waren Engel, sondern er sah sie überall. Sie saßen in der Grotte, und sie saßen auf dem Berge, und sie flogen unter dem Himmel. Sie kamen in großen Scharen über den Weg gegangen, und wie sie vorbeikamen, blieben sie stehen und warfen einen Blick auf das Kind.

Es herrschte eitel Jubel und Freude und Singen und Spiel, und das alles sah er in der dunklen Nacht, in der er früher nichts zu gewahren vermocht hatte. Und er wurde so froh, daß seine Augen geöffnet waren, daß er auf die Knie fiel und Gott dankte.

PETER LAREGH

Ein Stern wie dieser

Ein Stern müßte da sein
für den Zeitraum dieser besonderen Nacht.
Und er müßte glänzen
nicht wie alle die anderen Sterne,
die abends aufgehen über den Straßen der Stadt,
so sicher und sanft
und mit dem Schimmer des himmlischen Phosphors,
sondern so
wie das plötzlich erstarrte Signal eines Leuchtturms,
eindringlich und anspruchsvoll,
hoch über den Wogen der Dunkelheit
und über den unsichtbaren Pfaden der See.

Ein Stern müßte da sein
und den Pfeil seiner Warnung richten auf unsere Herzen
und auf die arme Gewohnheit der Tage,
an denen wir Nachbarn sind und doch so bittere Feinde,
und die wir verstreichen lassen
ohne die Wegzehrung der Liebe,
und ohne das Zeichen genau zu begreifen,
so wie die schweigsamen Hirten es taten
in der bebenden Kelter der Botschaft,
am Rande der engen Oase von Bethlehem.

Ein Stern müßte da sein,
aufgegangen über der klirrenden Kälte der Stadt
und unbeweglich für die Spanne von Stunden
auf die ferne Spitze unserer Blicke gesetzt,
damit wir alle ihn ansehen
und Heimweh haben nach der Flamme des Trostes,
nach der verzeihenden Hand unserer Feinde,
nach dem Blinkfeuer der wirklichen Wahrheit.

Ein Stern müßte da sein
hoch über dem alten Wahnsinn der Erde
für den Zeitraum dieser besonderen Nacht,
damit wir aufblicken können
und Frieden finden.

SIEGFRIED LENZ (1926–2014)

Fröhliche Weihnachten oder Das Wunder von Striegeldorf

Vieles hat sich unter Weihnachten in Masuren ereignet, weniges aber kommt an Merkwürdigkeit gleich jenem Vorfall, den mein Großonkel, ein sonderbarer Mensch mit Namen Matuschitz, auslöste. Ich möchte davon erzählen auf jede Gefahr hin.

Heinrich Matuschitz, ein fingerfertiger Besenbinder, hatte sich an einem fremden Motorrad vergangen und war für wert befunden, einzusitzen für ein halbes Jahr. Er saß zusammen mit einem finsteren Menschen mit Namen Mulz, der ein alter Forstgehilfe war und dem die Wilddiebe, hol sie der Teufel, zwei Frauen nacheinander von der ehelichen Seite fortgefrevelt hatten, woraufhin Otto Mulz, in gewalttätigem Kummer, den ganzen Striegeldorfer Forst anzündete. Gut. Die Herren leisteten sich rechtschaffen Gesellschaft in ihrer Zelle, beobachteten die berühmten Striegeldorfer Sonnenuntergänge, plauderten aus ihrem Leben, und derweil taten Wochen und Monate das, wovon sie scheint's niemand abbringen kann: Sie strichen ins Land, rückten vor, diese Monate bis zum Dezember, brachten Schnee mit, brachten Frost, bewirkten, daß das schmucklose Gefängnis geheizt wurde, taten so, was man von ihnen erwartet. Insbesondere aber brachten sie näher gewisse Termine, und mit den niederen Terminen auch den Obertermin sozusagen: den Heiligen Abend nämlich.

Nun fällt es einem Masuren schon schwer genug, auf die Annehmlichkeiten der Freiheit im allgemeinen zu verzichten, furchtbar aber wird es, wenn man ihn zu solchem Verzicht auch am Heiligen Abend zwingt. Demgemäß wandte sich Heinrich Matuschitz, mein Großonkelchen, an seinen Zellenbruder, sprach ungefähr so: »Der Schnee, Otto Mulz«, so sprach er, »kündigt liebliches Ereignis an. Nimmt man den Frost noch hinzu und das Gefühl im Innern, so muß der Heilige Abend nicht weit sein. Habe ich richtig gesprochen?«

»Richtig«, sagte der alte Forstgehilfe.

»Also«, stellte mein Großonkelchen befriedigt fest. Dann starrte er hinaus in den wirbelnden Flockenfall, sann, während er sich am Gitter festhielt, ein Weilchen nach, und nachdem ein neuer Gedanke ersonnen war, sprach er folgendermaßen:

»Das Ereignis«, so sprach er, »das liebliche, es steht bevor. Jedes Wesen in Striegeldorf und Umgebung ist angehalten, sich zu freuen. Die Menschen sind angehalten, die Hasen, die Eichhörnchen, und schon gar nicht zu reden von den Kindern. Nur wir, Otto Mulz, sollen gebracht werden um unsere Freude. Weil sich aber jedes Wesen zu freuen hat an diesem Termin, müssen wir ersinnen einen Ausweg.« – »Man will uns«, sagte der alte Forstgehilfe, »die Freude stehlen.« – »Eben«, sagte Heinrich Matuschitz, mein Großonkel. »Aber wir werden uns, bevor es dazu kommt, die Freude besorgen, und zwar da, wo sie allein zu finden ist: in der Freiheit. Wir werden uns zum Heiligen Abend beurlauben.«

»Das ist, wie die Dinge liegen, gut gesagt«, sprach Mulz. »Nur wird der alte Schneppat uns nicht bewilligen solchen Urlaub zur Freude. Unter den Aufsehern, die ich kenne, ist Schneppat der Schlimmste. Man wird uns, schlickerdischlacker, gleich wieder schnappen, zumal durch meine persönliche Feuersbrunst verlorengegangen sind die schönsten Verstecke im Walde.« Bei diesen Worten wies er mit ordentlicher Bekümmerung auf die traurigen Baumstümpfe, die vom Striegeldorfer Forst nachgeblieben waren.

Das Großonkelchen indes gnidderte, das heißt: lachte versteckt, legte dem Otto Mulz einen Arm um die Schulter, winkte sich sein Ohr ganz nahe heran und sprach: »Uns wird«, so sprach er, »überhaupt niemand vermissen, kein Schneppat und niemand. Denn wir werden zurücklassen unser Ebenbild. Wir werden hier sein und nicht hier.«

Was Otto Mulz dazu brachte, mein Großonkelchen zuerst erstaunt, dann mißtrauisch und schließlich mitfühlend anzusehen und nach einer Weile zu sagen: »Manch einen, Heinrich Matuschitz, hat große Freude schon blöde gemacht. Denn erkläre mir, bitte schön, wie ein Mensch gleichzeitig sein kann bei dem lieblichen Ereignis in der Freiheit und hier in der Zelle.«

Obwohl diese Worte, man wird es zugeben, nicht unbedingt höflich waren, verlor das Großonkelchen weder Faden noch Geduld, sondern begann mit listigem Lächeln zu flüstern, und zwar flüsterte er dermaßen vorsichtig, daß nicht einmal etwas für diese Erzählung erlauscht werden konnte. Sicher ist nur, daß er damit den Otto Mulz, sei es überredete, sei es überflüsterte; denn das finstere Gesicht des alten Forstgehilfen hellte sich auf, spiegelte Teilnahme, spiegelte Begeisterung, und zuletzt spiegelte es – na, sagen wir: Verklärung.

Und dann begab sich folgendes: Heinrich Matuschitz, mein Großonkel, aß kein Brot mehr – ebensowenig aß es sein Zellenbruder und jede Ration wurde unter dem Bett versteckt, wurde gestreichelt und gehütet, während das liebliche Ereignis unaufhaltsam heraufzog. Die einsitzenden Herren wurden, je näher das Ereignis kam, unruhiger, gespannter und flattriger, man plauderte nicht mehr aus dem Leben, fand keine Zeit zu müßiger Beobachtung, alles an ihnen war nur noch eingestellt in Richtung auf das Kommende und auf das, was zwischen ihnen geflüstert war.

Und eines Morgens, nachdem der Frost sie muntergekniffen hatte, erhob sich Heinrich Matuschitz und gab preis, was er so sorgfältig auch vor uns verborgen gehalten hatte: fingerfertig, wie mein Großonkelchen war, zog er das gesparte Brot unter dem Bett hervor, benetzte es auskömmlich und begann, weiß der Kuckuck, aus dem weichen Brot den Kopf des alten Forstgehilfen zu kneten. Walkte und knetete mit einem Geschick, daß sich dem Otto Mulz die Sprache versagte; zog eine Nase aus, das Großonkelchen, klatschte eine Stirn zurecht, schnitt zwei Lippen in den Teig – und alles haargenau nach dem Original des Forstgehilfen. Lachte dabei und sprach:

»Der wird«, sprach er, »Otto Mulz, genau wie du. Hoffentlich steckt er nur keinen Forst an.«

»Mir wird es«, sprach Mulz, »unheimlich zumute. Obwohl ich weiß, Heinrich Matuschitz, daß du manches kannst schnitzen mit deinem Messer, wußte ich doch nicht, daß du einen Striegeldorfer formen kannst nach seinem Ebenbild.«

Dann sah er atemlos zu, wie Ohr und Kinn entstanden, und zuletzt hielt er zitternd still, als ihm das Großonkelchen ein paar Haare absäbelte und sie an den Brotkopf klebte.

»Pschakrew«, sagte der Forstgehilfe, »wenn ich schon früher so doppelt gewesen wäre, dann hätte einer von mir zu Hause bleiben können: die Wilddiebe hätten sich nicht rangetraut, die Frau wäre mir geblieben, ich hätte den Forst nicht angezündet und brauchte hier nicht zu sitzen. Wenn ich, pschakrew, das alles gewußt hätte.«

Nachdem der Kopf des Forstgehilfen fertig war, fabrizierte mein Großonkelchen sich selbst, und weil das Brot nicht hinreichte, nahm er zur Ausbildung des Hinterkopfes einige Pfefferkuchen, die ihnen, da das liebliche Ereignis unmittelbar bevorstand, hereingeschoben worden waren.

Kaum war er fertig damit, als die Klappe in der Tür fiel und Schneppat, der kurzatmige Aufseher, hereinschaute zum Zweck der Kontrolle. Er schaute wichtigtuerisch, dieser Mensch, und zum Schlusse fragte er in seiner höhnischen Besorgtheit: »Na«, fragte er, »was wünschen sich die Herren zum Heiligen Abend?«

»Schlummer«, sagte mein Großonkelchen prompt. »Wir möchten bitten das Gesetz um langen, ungestörten Festtagsschlummer.«

»Könnt ihr haben«, sagte Schneppat. »Aber da ich nicht hier bin, werd' ich es Baginski sagen, dem Aufseher aus Sybba. Er löst mich ab für zwei Tage. Wer schlummert, sündigt nicht.« Damit ließ er die Klappe herunter und empfahl sich.

Seine Schritte waren noch nicht verklungen, als Heinrich Matuschitz die Brotköpfe hervorholte, sie auf die Pritschen legte, die Decken kunstgerecht hochzog und überhaupt einen unwiderlegbaren Eindruck hervorrief von zwei Herren im Festtagsschlummer. Wehmütig standen sie vor ihren Ebenbildern, ergriffen sogar, und dann sagte das Großonkelchen vor seiner Büste:

»Ich grüße dich«, sagte er, »Heinrich Matuschitz auf der Pritsche. Gott segne deinen Schlummer.«

Etwas Ähnliches sprach auch der alte Forstgehilfe, und nachdem sie Abschied genommen hatten von sich selbst, hoben sie das Gitter ab und verschwanden durchs Fenster in Richtung auf das liebliche Ereignis.

Dies Ereignis: es wurde angesungen von den Zöglingen der Striegeldorfer Schule, wurde von Glöckchen verkündet, vom Geruch gebratener Gänse, und ehedem hatte sich an der Verkündung auch der Wind im Striegeldorfer Forst beteiligt.

Mein Großonkelchen und Otto Mulz, sie gingen mit sich zu Rate, wie sie das liebliche Ereignis ihrerseits am besten verkünden könnten, und nach schwerer Grübelarbeit beschlossen sie, es durch Gesang zu tun, mit den Zöglingen der Striegeldorfer Schule. Während des Gesanges schon wurden sie teilhaftig der Freude, obwohl die Oberlehrerin Klimschat, die das Singen befehligte, Mühe hatte, die Herren einzustimmen: bei jedem Mal, da sie die Stimmgabel anschlug, lauschte sie verwundert und sprach: »Mir kollert, pschakrew, ein Tönchen dem andern von der Gabel runter.«

Na, aber da sie von mitfühlendem Wesen war, ließ sie die Herren singen, und nach dem Gesang gingen diese zu meinem Großonkelchen nach Hause, wo neue Freude bezogen wurde aus gebratenem Speck, aus geräuchertem Aal und, natürlich, aus dem lieblichen Schein der Talglichter. Bezogen so viel Freude, die Herren, daß sie wieder ins Singen verfielen, sangen von dem lieblichen Ereignis, und nach abermaligem Essen suchten die Herren auf dem Fußboden nach einem Festtagstraum.

Träumten angenehm bis zum nächsten Tag, lächelten sich innig zu beim Erwachen und stellten fest, daß man nicht bestohlen worden war um rechtmäßige und zustehende Freude. Und nach solchen Versicherungen beschlossen sie, zurückzukehren in das ansprechende, wenn auch schmucklose Gefängnis, um unnötige Schwierigkeiten zu vermeiden. Machten sich also auf, die beiden, und gelangten alsbald zum Ort ihrer Bestimmung, der bewacht wurde von dem Aufseher Baginski aus Sybba. Dieser Mensch jedoch, wachsam wie er war, entdeckte die Herren, als sie in der Dämmerung durchs Fenster steigen wollten, rief sie drohend an und kommandierte:

»Der Unfug«, kommandierte er, »hat an diesem Haus zu unterbleiben, zumal Weihnachten. Alle Personen zurück.«

Worauf mein Großonkelchen entgegnete:

»Wir fordern nicht gerade, was recht, aber was billig ist. Wir gehören hierher. Wir sind, wenn ich so sagen darf, wohnberechtigt.«

Baginski lugte durch das Fenster, äugte eine ganze Zeit hinein, und dann sprach er:

»Die Betten, wie man sieht, sind besetzt. Die Herren schlummern. Da sie sich ausbedungen haben den Schlummer zum Festtag, hat jede Störung zu unterbleiben.«

»Ein Irrtum«, sagte Otto Mulz, dem die Kälte zuzusetzen begann. »Ein reiner Irrtum, Ludwig Baginski. Die Herren, die da schlummern, sind wir.«

»Wir möchten«, ließ sich mein Großonkel vernehmen, »die Schlafenden nur austauschen gegen uns.«

Ludwig Baginski, der Aufseher, blickte düster, blickte zurechtweisend, schließlich sagte er: »Meine Augen«, sagte er, »sie sehen, was nötig ist. Und hier ist nötig Ruhe für zwei schlummernde Herren. Also möchte ich bitten um das, was gebraucht wird zur Erhaltung des Schlummers: Stille nämlich.«

Stellte sich, weiß Gott, gleich ziemlich drohend auf, dieser Ludwig Baginski, und zwang die Herren, abzuziehen. Nun, sie zogen davon bis zu den Baumstümpfen des ehemaligen Striegeldorfer Forstes, stellten sich zusammen, und da sie diesmal keinen Grund besaßen zu flüstern, vernahm man Otto Mulz folgendermaßen:

»Napoleon«, so vernahm man ihn, »hatte es schwer auf seinem Weg nach Rußland. Verglichen mit unserer Schwierigkeit, war seine ein Dreck.«

»Man müßte«, sagte Heinrich Matuschitz, »etwas ersinnen.«

»Mäuse«, sagte der alte Forstgehilfe. »Wir werfen Mäuse in das Zellchen, sie werden unsere Köpfe wegknabbern, und wenn wir nicht mehr da schlummern, wird man uns wieder reinlassen, und wir können in Ruhe abbrummen die letzten Wochen.«

»Auch die Mäuse, Otto Mulz, sind zu dieser Zeit angehalten zur Freude. Sie finden mehr als genug. Nein, wir müssen warten, bis Ludwig Baginski sich niedergelegt zur Ruhe. Dann werden wir's noch einmal versuchen.«

Und das taten die Herren. Sie warteten frierend im ehemaligen Striegeldorfer Forst, und als die Stunde gut war und günstig, schlichen sie zum Gefängnis, stiegen diesmal unbemerkt ein, als die

Klappe in der Tür fiel und der Aufseher Baginski argwöhnisch hereinsah.

Es durchfuhr ihn, er grapschte in die Luft und taumelte zurück, und als die Benommenheit sich legte, rannte er nach dem Schlüssel, rannte zurück und schloß auf. Was er sah, es waren zwei blinzelnde Herren, die auf ihren Pritschen lagen.

Aber Baginski gab sich nicht zufrieden, respektierte keinen Schlummer und keinen Festtag, sagte statt dessen: »Meine Augen, sie sehen, was zu sehen ist. Und sie haben in diesem Zellchen erblickt vier Herren, statt zwei. Demnach mochte ich bitten um Aufschluß über die zwei andern.«

»Wir haben wie gewünscht, angenehm geschlummert«, sagte Mulz.

»Aber es waren vier, wie meine Augen gesehen haben.«

Darauf sammelte sich mein Großonkelchen und sprach:

»Wenn ich mich, Ludwig Baginski, nicht irre, geschehen zu diesem Termin Wunder auf der ganzen Welt. Warum, bitte sehr, sollte Striegeldorf verschont bleiben von solchen Wundern? Besser, es geschieht ein Wunder als gar keins. Habe ich richtig gesprochen, Otto Mulz?«

»Richtig«, bestätigte der alte Forstgehilfe, und die Herren wickelten sich jeder in sein Deckchen und wünschten sich »Gute Nacht«.

LORE LORENTZ (1920–1994)

Ich denke an Aloysius Schwammel

Er hieß Aloysius Schwammel und war ein guter Mensch. Natürlich, ich müßte Weihnachten an Konsumterror denken, meine Gedanken und meine Feder an der Absurdität wetzen, daß Städte ausgerechnet dann am hellsten strahlen, wenn wir im Advent im Dunkeln auf das Licht warten sollen. Gegen Geschenkerpressung sollte ich wettern und verkleidete Weihnachtsmannsurrogate. Aber ich denke an Pater Schwammel, der uns den Katechismus nahebringen sollte und uns statt dessen die Bibel erzählte. Als wir sechs, sieben, acht und neun Jahre alt waren.

Seit dieser Zeit bin ich bibelfest. Nicht was die Sprüche anbelangt. Mit Ezechiel 45,1 kann man mich jederzeit in Verlegenheit bringen, aber der Gesichtsausdruck, mit dem der Walfisch Jonas in Ninive ans Land gespuckt hat, um dann befriedigt wieder in die Fluten zu tauchen, den kenne ich. Da macht mir keiner was vor. Ich weiß auch, was sich in Petrus abgespielt hat, als er mutig, aber eben unbedacht und unchristlich dem römischen Hauptmann das Ohr abschlug. Beschämt blickte er zu Boden, schob verlegen mit der Sandale ein paar abgefallene Oliven hin und her, um schließlich doch sehr erleichtert zu sein, als der Herr die Sache mit dem Ohr wieder reparierte. Ich könnte es malen, wenn ich malen könnte.

Pater Schwammel spielte uns die Heilige Schrift nicht nur vor, er gestaltete sie. Im Alten Testament schob er die Dramatik doch wohl zu sehr in den Vordergrund. Die Beinahe-Opferung des Isaak durch Abraham geriet ihm fast zum Psychothriller. Aber im Neuen Testament hatte er Zwischentöne von bezaubernder Zartheit, die Volksszenen waren voll Saft und Kraft, und die Krämer jagte er aus dem Tempel, wie es einen jungen Revolutionär heute begeistern würde. Grandios sein Pilatus, die Waschschüssel vor sich, ganz Rom hinter sich.

Er spielte alle Rollen selbst. Auf dem kleinen Podium unserer Klasse verwandelte er sich vom ersten bis zum zwölften Apostel. Im Sprunge wechselte er die Mimik eines Jakobus (erdverbunden) mit der des Judas Ischariot (übles Schlitzohr, die dreißig Silberlinge schon im Augenwinkel). Seine Szene »Der Herr besucht den ungläubigen Thomas« wäre heute oscarverdächtig. Thomas in seinem Hause, bramarbasierend über intellektuelle Gepflogenheiten, nichts zu glauben, was nicht zu beweisen wäre – ein Hupfer nach links –, Thomas faßt es nicht, erschrickt, erkennt den Herrn – ein Hupfer nach rechts –, der Herr blickt Thomas traurig an, nimmt dessen Hand und legt sie auf die Wunden – ein Hupfer nach links Nicht doch, Herr, nicht doch! So war es nicht gemeint. Fortan will ich glauben und nicht wissen.

Kein Weihnachten, an dem ich ihn nicht wieder vor mir sehe und den zarten Takt bewundere, mit dem er die doch reichlich zwiespältige Rolle Josefs meisterte. Einer volkszählenden Bürokratie ausgeliefert, die zudem auch völlig überfordert war, weil man solches noch nie vorher gehabt hatte! Raffgieriger Hotelbesitzer, und wahrscheinlich mehr oder weniger plumpe Fragen wie: Sind Sie der Vater des zu erwartenden Kindes? Aber Pater Schwammel schaffte es. Von seinem Josef ging schlichte Würde aus, auch als er sich müde durch das karge heilige Land schleppte, immer behutsam Marien stützend, dann endlich den Stall fand und entschied: Besser als nichts! Maria, froh, ein Dach über dem Kopf zu haben, blickte nur kurz um sich, Josef dankbar an, und ich glaube, sie streichelte einem Lämmlein über den wolligen Pelz. Als Kuh und Kälbchen, Muli und Esel zugleich bildete der Pater zwischen uns und der Mutter eine Wand der Diskretion in ihrer schweren Stunde, um uns gleich darauf mit einer stolzen und zärtlichen Gebärde das gewickelte Kind in der Krippe zu zeigen. Noch ein kurzer Farbtupfer in dem Gemälde, sozusagen im Vorübergehen, Josef auf den Stab gestützt, und dann waren wir mit ihm draußen auf dem Feld, trafen Hirten, die uns aufgeregt entgegenkamen und von himmlischen Gestalten schwatzten, die ihnen eine große Freude verkündet hätten. Es waren, so erinnere ich mich, mindestens fünf Hirten, jeder anders in seiner Haltung dem Unbegreiflichen gegenüber. Aber auch der ungläubige Forsche, der zaghafte Untertan, der Neugierige, der Scherzbold und der Mitläufer, sie wurden im Stall zu bedingungslosen Anbetern. Wir auch. Mein Gott, waren wir froh, daß alles gut gegangen war, und wir ehrten Ihn in der Höhe und wünschten auf Erden Frieden den Menschen, die guten Willens sind.

Der Besuch der Heiligen Drei Könige ließ uns vergleichsweise kalt. Schön, das Palaver in der Wüste, nachdem sie den Stern entdeckt hatten und ihre Astronomen befragt, hatte eine gewisse Dichte. Auch beim pomphaften Auftritt der drei im Notquartier knisterte soziale Spannung, aber ich, für mich, stellte in erster Linie mit Genugtuung fest, daß sich Josef nicht unterwürfig benahm und Maria nicht daran dachte, sich zu entschuldigen, weil es nicht aufgeräumt war. Einige Mädchen in der Klasse bemängelten dies, ich hätte es schon damals als kleinkariert empfunden. Einig waren wir uns über die Popeligkeit der Geschenke. Gold, nun ja, aber Weihrauch und Myrrhe? Ich weiß heute, Pater Aloysius Schwammel ist schuld daran, daß ich niemals zur Weihnachtszeit eine Krippe aufstelle und auch keine Krippenfiguren sammle. Was er meiner Phantasie geschenkt hat, würde jede Figur zu einem Schemen werden lassen.

MARTIN LUTHER (1483–1546)

Jesaja 9,1-6

Das Volk, das im Finstern wandelt,
    sieht ein großes Licht,
und über denen, die da wohnen im finstern Lande,
    scheint es hell.
du weckst lauten Jubel,
    du machst groß die Freude.
Vor dir freut man sich,
    wie man sich freut in der Ernte,
wie man fröhlich ist,
    wenn man Beute austeilt.
Denn du hast ihr drückendes Joch,
    die Jochstange auf ihrer Schulter
und den Stecken ihres Treibers zerbrochen wie am Tage Midians
Denn jeder Stiefel, der mit Gedröhn dahergeht,
    und jeder Mantel, durch Blut geschleift,
    wird verbrannt und vom Feuer verzehrt.
Denn uns ist ein Kinde geboren,
    ein Sohn ist uns gegeben,
und die Herrschaft ist auf seiner Schulter;
    und er heißt Wunder-Rat, Gott-Held,
    Ewig-Vater, Friede-Fürst;
auf dass seine Herrschaft groß werde und des Friedens kein Ende
    auf dem Thron Davids und in seinem Königreich,
dass er's stärke und stütze durch Recht und Gerechtigkeit
    von nun an bis in Ewigkeit

MARTIN LUTHER (1483–1546)

Jesaja 11, 1-10

Und es wird ein Reis hervorgehen aus dem Stamm Isais
    und ein Zweig aus seiner Wurzel Frucht bringen.
Auf ihm wird ruhen der Geist des HERRN,
    der Geist der Weisheit und des Verstandes,
    der Geist des Rates und der Stärke,
    der Geist der Erkenntnis und der Furcht des HERRN.
Und Wohlgefallen wird er haben
    an der Furcht des HERRN.
Er wird nicht richten nach dem, was seine Augen sehen,
    noch Urteil sprechen nach dem, was seine Ohren hören.
sondern wird mit Gerechtigkeit richten die Armen
    und rechtes Urteil sprechen den Elenden im Lande, …
Gerechtigkeit wird der Gurt seiner Lenden sein
    und die Treue der Gurt seiner Hüften.
Da wird der Wolf beim Lamm wohnen
    und der Panther beim Böcklein lagern.
Kalb und Löwe werden miteinander grasen,
    und ein kleiner Knabe wird sie leiten.
Kuh und Bärin werden zusammen weiden,
    ihre Jungen beieinanderliegen,
    und der Löwe wird Stroh fressen wie das Rind.
Und ein Säugling wird spielen am Loch der Otter,
    und ein kleines Kind wird seine Hand ausstrecken
    zur Höhle der Natter.

Man wird weder Bosheit noch Schaden tun
   auf meinem ganzen heiligen Berge;
denn das Land ist voll Erkenntnis des HERRN,
   wie Wasser das Meer bedeckt.
Und es wird geschehen zu der Zeit,
   daß die Wurzel Isais dasteht als Zeichen für die Völker.
Nach ihm werden die Völker fragen,
   und die Stätte, da er wohnt, wird herrlich sein.

MARTIN LUTHER   (1483–1546)

Wie schlicht und einfältig die Ding zugehen auf Erden

Siehe, wie gar schlicht und einfältig die Ding zugehen auf Erden, und doch so groß gehalten werden im Himmel.

Auf Erden gehet es also zu: Da ist ein arm junges Weiblein. Maria, zu Nazareth, gar nicht geachtet und unter den geringsten Bürgerinnen der Stadt gehalten. Da wird niemand gewahr des großen Wunders, das sie träget; sie schweiget auch stille, hält sich für die Geringste, sie machet sich auf mit ihrem Hausherrn Joseph, haben vielleicht keine Magd noch Knecht, sondern er ist Herr und Knecht, sie Frau und Magd im Haus, haben also das Haus lassen stehen oder andern befohlen. Da sie nun gen Bethlehem kommen, zeigt der Evangelist, wie sie die Allergeringsten und Verachtetsten sind gewesen, sie haben jedermann müssen räumen, bis daß sie in einen Stall geweiset, mit dem Viehe eine gemeine Herberg, gemeinen Tisch, gemeine Kammer und Lager haben müssen annehmen, indes mancher böser Mensch, im Gasthaus obenan gesessen, sich hat einen Herrn ehren lassen. Da merket noch erkennet niemand, was in dem Stall Gott wirket, läßt die großen Häuser und köstliche Gemach leerbleiben, läßt sie essen, trinken und guten Mut haben; aber dieser Trost und Schatz ist in ihnen verborgen.

O welch eine finstere Nacht ist über dem Bethlehem damals gewesen, die eines solchen Lichts nicht ist inne worden! Wie zeiget Gott an, daß er so gar nichts achte, was die Welt ist, hat und vermag; wiederum die Welt beweiset auch, wie gar sie nichts erkennet noch achtet, was Gott ist, hat und wirket.

M

Kurtmartin Magiera
Kurt Marti
Conrad Ferdinand Meyer
Eduard Mörike

KURTMARTIN MAGIERA   (1928–1975)

Käme er heute

Käme er heute und machte es wie damals –
sähe es so aus?

In den Slums von East-Harlem –
Maria eine Neger-Mammie.
In den Gassen Palermos –
Josef heißt Salvatore.
Im Zelt der Besitzlosen jenseits des Jordan –
Gott, Bruder der Armen.

Elf Quadratmeter für Jesusmariaundjosef
im siebzehnstöckigen Hochhaus
von Wang Tai Sin –
siebentausend Nachbarn sind Hirten unterm
gleichen Dach.

Mietpartei irgendwo im Revier:
ach so, nur ein Zimmermann!
In einer Vorstadtbaracke, im Gleisdreieck,
in der Kolonie Rote Erde.

Längst ist vergessen:
Auch in Bethlehem gab's Wohnzimmer,
reichgedeckte Tische und Marmor.

Käme er heute und machte es wie damals –
wie sähe es aus?

KURT MARTI (1921–2017)

geburt

ich wurde nicht gefragt
bei meiner zeugung
und die mich zeugten
wurden auch nicht gefragt
bei ihrer zeugung
niemand wurde gefragt
außer dem Einen

und der sagte
ja

ich wurde nicht gefragt
bei meiner geburt
und die mich gebar
wurde auch nicht gefragt
bei ihrer geburt
niemand wurde gefragt
außer dem Einen

und der sagte
ja

KURT MARTI   (1921–2017)

weihnacht

damals

als gott
im schrei der geburt
die gottesbilder zerschlug

und

zwischen marias schenkeln
runzlig rot
das kind lag

KURT MARTI (1921–2017)

flucht nach ägypten

nicht
ägypten
ist
fluchtpunkt
der flucht.

das kind
wird gerettet
für härtere tage.

fluchtpunkt
der flucht
ist
das kreuz.

KURT MARTI (1921–2017)

Weihnachtsnüsse

Nikolaus hatte sich in den letzten Jahren nicht mehr gezeigt. Nun war er wieder einmal gekommen. Polternd wie früher, weißbärtig wie immer. Gesegnete Weihnacht! rief er aus, und: Fröhliche Walstatt! Wohlgemut zog er die weißen Handschuhe aus. Heini, der Jüngste, schrie vorlaut: Juchhee! Da mußte der Weihnachtsmann lachen. Mit lockerem Schwinger streckte er Onkel Samuel nieder. Wir freuten uns sehr, daß das Fest so heiter begann, und dankten dem Gast: Ei, hast du uns heuer schöne Nüsse gebracht! Flugs stimmte Klotilde an. Wir sangen so gut wir konnten: Sankt Nikolaus, Sankt Nikolaus, komm pack uns deine Nüsse aus! Er tat's, und danach lag Tante Dorette schon neben dem Gatten, selig entspannt wie dieser. Leutselig strahlte der Gast im roten Mantel: Nüsse, ihr Lieben, extra schöne Nüsse für euch, und silberne Sterne direkt aus dem Elsaß! Ein Edelstein blitzte an seiner Rechten, die ohne viel Aufwand Fridolin traf. Der Junge kippte, wir klatschten Beifall und wollten den funkelnden Ring am kleinen Finger des großen Nikolaus küssen, als wäre es der eines Bischofs. Na na, mahnte da der Besucher, alles was recht ist! Heini hüpfte und jauchzte: Nüsse und Sterne, Sterne und Nüsse! Er fiel, gefällt, und sah, wonach ihn gelüstet hatte, die Sterne im Elsaß, ihre blitzende Pracht. Klotildchen vergaß sich und kitzelte den weißen Nikolausbart – Ungeduld oder Neugier? Mit ausgebreiteten Armen stürzte sie dankbar in die gewünschte Entrückung. Ich war der Fallenden ausgewichen und rief oder wollte jedenfalls rufen: O glückliche Walstatt! – da stiegen bereits die Sterne, silberne erst, dann in vielen leuchtenden Farben.

CONRAD FERDINAND MEYER (1825–1898)

Friede auf Erden

Da die Hirten ihre Herde
Ließen und des Engels Worte
Trugen durch die niedre Pforte
Zu der Mutter und dem Kind,
Fuhr das himmlische Gesind
Fort im Sternenraum zu singen,
Fuhr der Himmel fort zu klingen:
»Friede, Friede! auf der Erde!«

Seit die Engel so geraten,
O wie viele blut'ge Taten
Hat der Streit auf wildem Pferde,
Der geharnischte, vollbracht!
In wie mancher heil'gen Nacht
Sang der Chor der Geister zagend,
Dringlich flehend, leis verklagend:
»Friede, Friede ... auf der Erde!«

Doch es ist ein ew'ger Glaube,
Daß der Schwache nicht zum Raube
Jeder frechen Mordgebärde
Werde fallen allezeit;
Etwas wie Gerechtigkeit
Webt und wirkt in Mord und Grauen,
Und ein Reich will sich erbauen,
Das den Frieden sucht der Erde.

Mählich wird es sich gestalten,
Seines heil'gen Amtes walten,
Waffen schmieden ohne Fährde,
Flammenschwerter für das Recht,
Und ein königlich Geschlecht
Wird erblühn mit starken Söhnen,
Dessen helle Tuben dröhnen:
Friede, Friede auf der Erde!

EDUARD MÖRIKE   (1804–1875)

Die Heilige Nacht

Gesegnet sei die heilige Nacht,
Die uns das Licht der Welt gebracht! –

Wohl unterm lieben Himmelszelt
Die Hirten lagen auf dem Feld.

Ein Engel Gottes, licht und klar,
Mit seinem Gruß tritt auf sie dar.

Vor Angst sie decken ihr Angesicht,
Da spricht der Engel: »Fürcht't euch nicht!

Ich verkünd euch große Freud:
Der Heiland ist euch geboren heut.«

Da gehen die Hirten hin in Eil,
Zu schaun mit Augen das ewig Heil;

Zu singen dem süßen Gast Willkomm,
Zu bringen ihm ein Lämmlein fromm.

Bald kommen auch gezogen fern
Die heil'gen drei König mit ihrem Stern.

Sie knien vor dem Kindlein hold,
schenken ihm Myrrhen, Weihrauch, Gold.

Vom Himmel hoch der Engel Heer
Frohlocket: »Gott in der Höh sei Ehr!«

EDUARD MÖRIKE (1804–1875)

Auf ein altes Bild

In grüner Landschaft Sommerflor,
Bei kühlem Wasser, Schilf und Rohr,
Schau, wie das Knäblein Sündelos
Frei spielet auf der Jungfrau Schoß!
Und dort im Walde wonnesam,
Ach, grünet schon des Kreuzes Stamm!

N

Christine Nöstlinger
Novalis

CHRISTINE NÖSTLINGER (1936–2018)

Ans Christkind

Ans
Christkind:
Meine Eltern sind
seit Wochen zerstritten,
also möchte ich dich bitten,
heuer die Geschenke sein zu lassen.
Mach lieber, dass die zwei sich nimmer hassen
und sich am Heiligen Abend zur Versöhnung küssen
und die Nachbarn nicht wieder die Polizei rufen müssen.
Deine
kleine
Brigitte.
Wohnhaft: Wien-Mitte

NOVALIS (1772–1801)

Fern in Osten wird es helle

Fern in Osten wird es helle,
Graue Zeiten werden jung;
Aus der lichten Farbenquelle
Einen langen tiefen Trunk!
Alter Sehnsucht heilige Gewährung,
Süße Lieb in göttlicher Verklärung!

Endlich kommt zur Erde nieder
Aller Himmel selges Kind,
Schaffend im Gesang weht wieder
Um die Erde Lebenswind,
Weht zu neuen ewig lichten Flammen
Längst verstiebte Funken hier zusammen.

Überall entspringt aus Grüften
Neues Leben, neues Blut,
Ewgen Frieden uns zu stiften,
Taucht er in die Lebensflut;
Steht mit vollen Händen in der Mitte
Liebevoll gewärtig jeder Bitte.

Lasse seine milden Blicke
Tief in deine Seele gehn,
Und von seinem ewgen Glücke
Sollst du dich ergriffen sehn.
Alle Herzen, Geister und die Sinnen
Werden einen neuen Tanz beginnen.

Greife dreist nach seinen Händen,
Präge dir sein Antlitz ein,
Mußt dich immer nach ihm wenden,
Blüte nach dem Sonnenschein;
Wirst du nur das ganze Herz ihm zeigen,
Bleibt er wie ein treues Weib dir eigen.

Unser ist sie nun geworden,
Gottheit, die uns oft erschreckt,
Hat im Süden und im Norden
Himmelskeime rasch geweckt,
Und so laßt im vollen Gottes-Garten
Treu uns jede Knosp und Blüte warten.

NOVALIS   (1772–1801)

Wenn ich ihn nur habe

Wenn ich ihn nur habe,
Wenn er mein nur ist,
Wenn mein Herz bis hin zum Grabe
Seine Treue nie vergißt:
Weiß ich nichts von Leide,
Fühle nichts, als Andacht, Lieb und Freude.

Wenn ich ihn nur habe
Laß ich alles gern,
Folg an meinem Wanderstabe
Treugesinnt nur meinem Herrn;
Lasse still die andern
Breite, lichte, volle Straßen wandern.

Wenn ich ihn nur habe,
Schlaf ich fröhlich ein,
Ewig wird zu süßer Labe
Seines Herzens Flut mir sein,
Die mit sanftem Zwingen
Alles wird erreichen und durchdringen.

Wenn ich ihn nur habe,
Hab ich auch die Welt;
Selig, wie ein Himmelsknabe,
Der der Jungfrau Schleier hält.
Hingesenkt im Schauen
Kann mir vor dem Irdischen nicht grauen.

Wo ich ihn nur habe,
Ist mein Vaterland;
Und es fällt mir jede Gabe
Wie ein Erbteil in die Hand;
Längst vermißte Brüder
Find ich nun in seinen Jüngern wieder.

O

George Orwell
Louise Otto

GEORGE ORWELL (1903–1950)

Weihnachten 1947

Eine Reklame in meiner Sonntagszeitung zeigt die vier Dinge, die man für ein gelungenes Weihnachtsfest braucht. Oben auf dem Bild ist ein gebratener Truthahn zu sehen, darunter ein Plumpudding, darunter Mince Pies und darunter eine Dose Bullrichsalz.

Ein simples Glücksrezept. Erst das Essen, dann das Gegenmittel, dann noch mehr Essen. Die größten Meister dieser Technik waren die alten Römer. Ihr vomitorium – eben habe ich es im Wörterbuch nachgeschlagen – war allerdings kein Ort, den man aufsuchte, wenn man sich nach dem Essen übergeben musste, und somit wohl nicht, wie allgemein angenommen, in jedem römischen Haus zu finden.

Die erwähnte Reklame geht davon aus, dass ein Essen dann gut ist, wenn man zuviel isst. Im Prinzip stimme ich dem zu. Ich möchte nur dazusagen, dass wir, wenn wir diese Weihnachten schlemmen – sofern wir die Möglichkeit dazu haben –, auch an die Millionen Menschen denken sollten, die nichts dergleichen tun werden. Denn auf die Dauer ist unser Weihnachtsessen nur dann gesichert, wenn wir dafür sorgen, dass auch alle anderen ein Weihnachtsessen haben. Aber darauf komme ich gleich noch zurück.

Der einzig vernünftige Grund, an Weihnachten nicht zuviel zu essen, wäre der, dass jemand anderer das Essen nötiger braucht. Enthaltsame Weihnachten um ihrer selbst willen wären absurd. Man feiert ja gerade deshalb Weihnachten, weil es eine Orgie ist –

und die war es wahrscheinlich schon lange, bevor Christi Geburt willkürlich auf diesen Tag gelegt wurde. Kinder wissen das sehr gut. Für sie ist Weihnachten nicht ein Tag des gemäßigten Genusses, sondern ein Tag wilder Freuden, für die sie bereitwillig ein gewisses Maß an Leiden in Kauf nehmen. Das Gewecktwerden um vier Uhr morgens, um den Strumpf zu inspizieren, das Gezänk um irgendwelches Spielzeug den ganzen Vormittag, die aufregenden Düfte nach Pastete und Salbei-Zwiebel-Füllung, die aus der Küche kommen, der Kampf mit riesigen Portionen Truthahn und der Wunschknochen, das abgedunkelte Zimmer, der brennende Plumpudding, die Hast, mit der die Teller gefüllt werden müssen, bevor die Flammen erlöschen, die kurze Panik, wenn der Verdacht aufkommt, das Baby könnte das Dreipencestück verschluckt haben, die Benommenheit den ganzen Nachmittag, der Weihnachtskuchen mit seinem fingerdicken Mandelguss, die Gereiztheit am nächsten Morgen und das Rizinusöl am 27. Dezember – es ist ein Auf und Ab, keineswegs immer angenehm, um der dramatischeren Momente willen aber durchaus lohnend.

Abstinenzler und Vegetarier empören sich über eine solche Haltung. Für sie gibt es nur ein sinnvolles Ziel: Schmerz zu vermeiden und möglichst lange zu leben. Wer keinen Alkohol trinkt und kein Fleisch isst, kann damit rechnen, fünf Jahre länger zu leben; wer aber zu viel isst oder trinkt, muss am nächsten Tag mit akutem Unwohlsein dafür büßen. Und daraus folgt dann wohl, dass jeglicher Exzess zu vermeiden sei, selbst eine Ausschweifung wie Weihnachten, die nur einmal im Jahr stattfindet?

Keineswegs. Man kann sich ganz bewusst dafür entscheiden, dass es den Schaden, den man seiner Leber zufügt, wert ist, sich hin und wieder etwas Gutes zu gönnen. Denn nicht allein auf die Gesundheit kommt es an: Freundschaft, Gastlichkeit, die gehobene Stimmung und die neuen Sichtweisen, die sich ergeben, wenn man in froher Runde isst und trinkt, sind auch nicht zu verachten. Ich bezweifle, dass ein richtiger Rausch überhaupt schädlich ist, vorausgesetzt, er tritt nur selten ein – sagen wir, zweimal im Jahr. Das ganze Geschehen, die Reue danach eingeschlossen, schlägt eine Art Bresche in unsere geistige Routine – vergleichbar einem Wochenende im Ausland –, die durchaus von Nutzen sein kann.

Zu allen Zeiten hat der Mensch das erkannt. Man ist sich weithin darin einig – man war es schon, ehe es die Schrift gab –, dass gewohnheitsmäßiges Trinken schlecht, feuchtfröhliche Geselligkeit aber gut ist, auch wenn man sie am nächsten Tag bereut. Wie unabsehbar ist die Literatur zum Thema Essen und Trinken, speziell zum Trinken, und wie wenig Ernstzunehmendes ist über die andere Seite gesagt worden!

Kein einziges Gedicht zum Lob des Wassers – des Wassers als Getränk – fällt mir auf Anhieb ein. Ich wüsste auch nicht, was es darüber groß zu sagen gäbe. Es löscht den Durst, und das ist auch schon alles. Gedichte zum Lob des Weins dagegen, auch nur die noch erhaltenen, würden ein ganzes Bücherregal füllen. Noch an dem Tag, als das Gären der Traube entdeckt wurde, begannen die Dichter den Wein zu besingen. Whisky, Brandy und andere geistige Getränke wurden weniger wortreich gepriesen, zum Teil deshalb, weil sie erst später aufkamen. Bier dagegen hat eine gute Presse, schon seit dem Mittelalter, als man noch lange nicht gelernt hatte, Hopfen daran zu tun. Seltsamerweise aber erinnere ich mich an kein Gedicht zum Lob des Stout, nicht einmal des Stout vom Fass, das meiner Meinung nach besser schmeckt als das in Flaschen abgefüllte. In James Joyces »Ulysses« findet sich eine über die Maßen ekelerregende Beschreibung der Stout-Fässer in Dublin. Aber es liegt eine Art zweifelhafter Reverenz vor dem Stout darin, dass diese Beschreibung, obwohl weithin bekannt, es nicht vermocht hat, die Iren von ihrem Lieblingsgetränk abzubringen.

Die Literatur zum Essen ist ebenfalls umfangreich, wenn auch vorwiegend in Prosa abgefasst. Doch bei allen Schriftstellern, die genussvoll Essen schildern, von Rabelais bis Dickens und von

Petronius bis Isabella Beeton, gibt es, soweit ich weiß, nicht eine einzige Passage, in der diätetische Erwägungen eine größere Rolle spielen. Essen wird durchweg als Selbstzweck gesehen. Niemand hat nennenswerte Prosa über Vitamine oder die Risiken zu eiweißreicher Ernährung geschrieben oder darüber, wie wichtig es ist, jeden Bissen zweiunddreißigmal zu kauen.

Alles in allem scheint das Schwergewicht auf Beschreibungen der Völlerei zu liegen, vorausgesetzt, sie findet aus anerkanntem Anlass und nicht zu häufig statt.

Aber sollten wir auch diese Weihnachten übermäßig essen und trinken? Das sollten wir nicht, und die meisten von uns werden auch gar keine Gelegenheit dazu haben. Ich singe hier zwar das Loblied des Weihnachtsfestes, aber des Weihnachtsfestes 1947 oder auch 1948. Die Welt als Ganzes ist dieses Jahr nicht gerade in der Verfassung für Festlichkeiten. Zwischen Rhein und Pazifik dürfte es nicht viele geben, die Bullrichsalz benötigen. In Indien – und das war schon immer so – bekommen etwa zehn Millionen Menschen nur eine einzige richtige Mahlzeit am Tag, in China ist es zweifellos ähnlich, in Deutschland, Österreich, Griechenland und anderswo leben Abermillionen Menschen von Nahrungsmengen, die gerade zum Atmen reichen, aber keine Kraft mehr zum Arbeiten spenden. Überall in den vom Krieg verwüsteten Gebieten zwischen Brüssel und Stalingrad hausen ungezählte Millionen in den Kellern ausgebombter Häuser, in Waldverstecken, in Baracken hinter Stacheldraht. Es ist nicht sehr angenehm zu erfahren, dass unsere Weihnachtstruthähne zum großen Teil aus Ungarn stammen, und gleichzeitig zu hören, dass ungarische Autoren und Journalisten – vermutlich nicht der am schlechtesten bezahlte Teil der Bevölkerung – sich in verzweifelter Lage befinden und froh wären, von mitfühlenden Engländern Zucker und gebrauchte Kleidung zu bekommen. Unter diesen Umständen können wir wohl kaum »richtig« Weihnachten feiern, selbst wenn die materiellen Voraussetzungen dafür gegeben wären.

Doch früher oder später werden wir es wieder können, 1947 oder 1948, vielleicht auch erst 1949. Und wenn es so weit ist, werden hoffentlich nicht die Unkenrufe von Vegetariern und Abstinenzlern ertönen, die uns darüber belehren, wie wir unsere Magenschleimhaut malträtieren. Ein Fest wird um seiner selbst willen gefeiert und nicht aus Rücksicht auf die Magenschleimhaut. Unterdessen ist Weihnachten, jedenfalls beinahe. Der Weihnachtsmann treibt seine Rentiere zusammen, der Postbote wankt mit dem dicken Sack voller Weihnachtskarten von Tür zu Tür, auf dem Schwarzmarkt geht es hoch her, und England hat über siebentausend Kisten Mistelzweige aus Frankreich importiert. Ich wünsche also allen ein altmodisches Weihnachten 1947 und fürs Erste einen halben Truthahn, drei Mandarinen und eine Flasche Whisky, höchstens zum Zweifachen des offiziellen Preises.

LOUISE OTTO (1819–1895)

Christbescherung

Der Christnacht heilig' Offenbaren,
Das einst an alles Volk erging,
Die Kunde, die durch Engelscharen
Zuerst das arme Volk empfing:

»Die Liebe ist zur Welt gekommen,
Um einen neuen Bund zu weihn,
Ein reines Licht ist hell entglommen
Ein Stern mit wunderreichem Schein!« -

Die Kunde klingt aufs neue wieder
Zu uns in jeder Weihnachtszeit
Sie tönt durch alle Festeslieder
In jedem Gruß von nah und weit.

»Die Liebe soll die Welt regieren!«
Das ist die Losung allerwärts,
Die Lichter, die den Christbaum zieren
Wie strahlen sie in jedes Herz;

Und all die Gaben, lichtumschwommen,
Für jung und alt, für groß und klein:
Vom Himmel scheinen sie gekommen
In einer Wundernacht zu sein! –

Doch all das Wunder zu vollenden,
Viel Sorgen gab es Tag und Nacht.
Viel Mühen von geschäft'gen Händen,
Viel Opfer freudig dargebracht.

Die Liebe soll die Welt regieren,
Und Weihnacht zeigt, daß sie's vermag,
Doch höhres Ziel muß sie sich küren,
Als schaffen nur für einen Tag,

Der eine Tag soll allen lehren;
Solch Mühn und Opfern wohl uns ziert,
Die wir das Wort der Weihnacht ehren:
Daß Liebe nur die Welt regiert –

Auch Völkerwünsche sich erfüllen
Nicht durch das Wunder einer Nacht,
Drum mühe jeder sich im stillen
Bis einst das Liebeswerk vollbracht;

Bis daß im ganzen Vaterlande
Der Freiheit Christbaum leuchtend glüht –
Solch Wunder kommt gewiß zu Stande
Wenn alles Volk darum sich müht.

LOUISE OTTO (1819–1895)

Vorüber sind die Feste!

Vorüber sind die Feste wieder,
Die uns gegrüßt mit Glanz und Licht,
Verstummt die holden Weihnachtslieder,
D'raus reinster Liebe Segen spricht.

Es gab dafür ein langes Sorgen,
Ein Vorbereiten Tag und Nacht,
Beim Lampenschein ward mancher Morgen
Gar arbeitsvoll herangewacht.

Das Werk der Liebe zu bereiten,
Bemühte sich so alt und jung,
Und jedes Herz schien sich zu weiten
In Hoffnung und Erinnerung,

Ein Liebesfest so ohne Gleichen
Im ganzen großen Vaterland,
Wo Engelsruf und Sternenzeichen
Zu hoher Botschaft sich verband!

Und Liebe wurde zum Erbarmen:
Vom Christbaum aus dem eignem Heim
Fiel mancher Strahl auch auf die Armen
Und weckte neuer Hoffnung Keim. –

Die heil'ge Nacht – die Feiertage
Mit aller Weihe, allem Glück,
Des Jahreswechsels ernste Frage –
Wir blicken jetzt darauf zurück.

Vorüber wieder sind die Feste
Und uns umfängt die Alltagswelt,
Doch bleibt uns ja davon das Beste:
Begeistrung, die uns aufrecht hält.

Sie, die am Sterne sich entzündet,
Der in der Weihnacht zog vorauf
Und allen Sehenden verkündet:
Es naht das Heil – nun wachet auf!

Nun wachet auf zum Liebesglauben,
Nun dient der neuen Zeit des Lichts –
Den Weihegruß kann niemand rauben,
Was ihm nicht dient, zerfällt in nichts.

Den Festen folgt der Arbeit Mühen,
Das ihnen freudig ging voran –
Wenn wir im Dienst der Menschheit glühen,
Sind wir auf rechter Lebensbahn.

P

Boris Pasternak

BORIS PASTERNAK (1890–1960)

Der Stern der Geburt

Der Winter war lang.
Der Steppenwind fegte.
Und fröstelnd das Kind in der Krippe sich regte
im Stall dort am Hang.

Da wärmt' es der Hauch, der vom Ochsen her drang.
Da war in der Enge
Ein Haustiergedränge,
Ein Wölkchen von Wärme die Krippe umschwang.

Die Hirten im Feld klopften Hirse und Flaus
Aus zottigen Pelzen
Und schauten vom Felsen
In Mitternachtsfernen verschlafen hinaus.

Da draußen warn Felder im Schnee, und nicht fern
Ein Friedhof mit Mälern
In schmäleren Tälern,
Und drüber der Nachthimmel, Stern neben Stern.

Und einer, den keiner zuvor je gesehn,
Noch schüchterner glänzt er
Als Lichter im Fenster,
Blieb flimmernd am Wege nach Bethlehem stehn.

Und flackte wie brennendes Stroh, nichts verband
Mit Gott ihn und Himmel,
Wie Flammengetümmel,
Wie fern überm Land ein Gehöft steht in Brand.

Er hob sich empor wie ein Schober aus Heu,
Der flammt in der Ferne,
Und vor diesem Sterne
Erbebte das Weltall in Angst und in Scheu.

Es mußte was heißen, daß über ihm rot
Die Himmel sich teilten;
Drei Sterndeuter eilten
Zu folgen des seltsamen Feuers Gebot.

Hinter ihnen erschienen, gezogen am Zaum,
Mit Geschenken Kamele, und zierliche Esel
Schritten ängstlich talabwärts vom felsigen Saum.

Und sie trauten der Schau ihrer Augen noch kaum:
Da erstand in der Ferne, was später gewesen,
Alles Denken und Sehnen in Zeiten und Raum,
Alle künftigen Kunstgalerien und Museen,
Alle Taten der Zauberer und Streiche der Feen,
Alle Christbäume und aller kindliche Traum.

Alle flimmernden Lichter und schimmernden Ringe,
Alles Blitzen des Flitters am glitzernden Baum...
...Immer wütender wurden des Wüstenwinds Sprünge...
Alle Äpfel und Kugeln aus goldenem Schaum.

Im Tal lag der Teich hinter Weiden und Wald,
Doch war er durch Äste und Nester von Krähen
Vom Feld auf dem Felsen zu sehen, und bald
Vermochten die Hirten den Zug zu erspähen:
Kamele und Esel und manche Gestalt.
– »Kommt, laßt uns dem Wunder zu huldigen gehen!« –
Sie knöpften die Pelze zu, denn es war kalt.

Das Gehen durch Wehen erwärmte die Hirten.
Wie Glimmer zog hin durch die schimmernde Flur
Zur Hütte barfüßiger Wanderer Spur.
Entlang dieser Spur wie nach Brandresten spürten
Die Hunde beim Scheine des Sterns mit Geknurr.

Die frostkalte Nacht war ein einziges Märchen.
Und irgendwer drängte sich ein immerdar
Vom Feld in die Reihen der schreitenden Schar.
Die Hunde sahn scheu in die Runde, zum Herrchen
Schlich jeder und witterte nahe Gefahr.

Durch eben die Gegend, auf eben den Wegen
Bewegten sich Engel mit ihnen ein paar.
Unkörperlich, unsichtbar war'n sie zugegen
Und nur durch die Spur auf dem Schnee offenbar.

Zum Stall kam die Menge. Es wurde schon helle,
Die Stämme der Zedern erschienen schon klar.
– »Was wollt ihr so frühe?« – so fragte Maria.
– »Sind Hirten und Boten von Gottes Altar,
Und bringen euch beiden die Huldigung dar.« –
– »Nicht alle zugleich! Wartet dort an der Schwelle!«

Im Frühmorgennebel, der aschfarben war,
Vertraten die Füße sich Treiber und Hirten.
Die Flüche der Reiter und Fußgänger schwirrten,
Am Brunnen die Ketten der Lasttiere klirrten,
Und bockig schrie Esel, Kamel, Dromedar.

Das Morgenlicht fegte, wie Funken so fein,
Die letzten der Sterne hinunter vom Himmel.
Maria ließ nun von dem ganzen Gewimmel
Die Magier allein zu dem Felsentor ein.

Er schlief, ganz im Glanz, in der eichenen Krippe,
Dem Mondstrahl im Hohlraum des Baumstammes gleich.
Vom Ochsen die Nüstern, vom Esel die Lippe
Ersetzten den Schafpelz und wärmten ihn weich.

Sie konnten kaum sehen, so dunkel sind Ställe,
Verhaltenes Flüstern im Raume nur surrt.
Und irgendwer blickte zurück nach der Helle,
Zog sacht einen Magier beiseite am Gurt,
Und der sah sich um: da schaut' von der Schwelle
Als Gast auf die Jungfrau der Stern der Geburt.

Q

Helmut Qualtinger
Odwin Quast

HELMUT QUALTINGER (1928–1986)

Travniceks Weihnachtseinkäufe

Vor einem Weihnachtsbaum sitzen Travnicek und sein Freund mit vielen Paketen und ruhen sich aus.

FREUND: Was, Travnicek, denken Sie, wenn Sie Weihnachtseinkäufe machen?
TRAVNICEK: Ich denk', was das kostet. wann i die Sachen im Frühjahrsverkauf besorgt hätt', wär's dasselbe g'wesen, aber um die Hälfte billiger.
FREUND: Im Frühjahr können Sie doch nicht wissen, was Ihre Leute sich zu Weihnachten wünschen.
TRAVNICEK: Das waaß i jetzt auch net.
FREUND: Für wen haben Sie denn eingekauft, Travnicek?
TRAVNICEK: Was is' des für a Frag'? I geh' in ein G'schäft eini, schnapp', was i kriegen kann, und schau', daß i mit'n Wagen weiterkumm', bevor s' mi aufschreiben.
FREUND: Na, und?
TRAVNICEK: Zu Haus pack i's aus und denk' nach, wem i's anhängen kann.
FREUND: Man schenkt doch, um den Leuten eine Freude zu machen. Macht es Ihnen keine Freude, wenn Sie was geschenkt kriegen?
TRAVNICEK: Schau'n S': Voriges Jahr zu Weihnachten schenk' i mein' Onkel a Krawatten, die mir g'fallt. Er schenkt mir a Kra-

watten, die ihm g'fallt. – Also, was soll i mit der Krawatten? Wann i Glück hab', kann i mi dran aufhängen.

FREUND: Sie haben keine Poesie, Travnicek. Denken Sie an Ihre Kindheit. Was pflegten Sie da zu Weihnachten zu kriegen?

TRAVNICEK: Watschen.

FREUND: Warum?

TRAVNICEK: Ich pflegte den Baum anzuzünden.

FREUND: Absichtlich?

TRAVNICEK: Naa. Es hat sich so ergeben.

FREUND: Glücklicherweise gibt es noch Leut', die sich ihr kindliches Gemüt bewahrt haben und an das Christkindl glauben.

TRAVNICEK: Ja, die Geschäftsleut'.

FREUND: Nicht nur die. Ich, zum Beispiel, zieh' mir zu Weihnachten einen Pelz und einen Bart an...

TRAVNICEK: Da werden S' guat ausschauen.

FREUND: ...und bring' den Kindern Geschenke. Gehen Sie auch als Weihnachtsmann, Travnicek?

TRAVNICEK: Ja. Zu meiner Schwester.

FREUND: Haben Sie da auch einen Bart und einen Pelz?

TRAVNICEK: Naa.

FREUND: Warum nicht?

TRAVNICEK: Wann i 'kommen bin, haben die Kinder immer g'sagt: Der Onkel Travnicek. Hab' i mir denkt: Gehst amal in Zivil, ohne Bart.

FREUND: Das ist doch keine Überraschung!

TRAVNICEK: Wieso? Die Kinder waren sehr überrascht... Sie haben nicht mehr gesagt: Der Onkel Travnicek kommt als Weihnachtsmann. Sie haben gesagt: Der Weihnachtsmann kommt als Onkel Travnicek.

FREUND: Kinder haben eben Phantasie. Ich les' auch noch Märchen. Haben Sie jemals Märchen gelesen, Travnicek?

TRAVNICEK: Natürlich. Natürlich. Der Ratenschwindler von Hameln, Die Prinzessin auf der Erbsensuppe und Schneewittchen und die fünf Zwerge.
FREUND: Wieso fünf? Es sein doch sieben.
TRAVNICEK: Ah ja – zwei hab' i vergessen.
FREUND: Na, und Aschenbrödel...
TRAVNICEK: Lass'n S' mi aus mit der Dienstbotenfrage.
FREUND: Dornröschen...
TRAVNICEK: Dornröschen? Mich hat neulich einer aufg'weckt.
FREUND: Mit an Kuß?
TRAVNICEK: Nein, mit an Moped. Was glauben S', was i dem erzählt hab'...
FREUND: ...Hänsel und Gretel...
TRAVNICEK: Das mit dem Lebkuchenhaus is' ganz unpädagogisch. Die Kinder verderben sich den Magen, kriegen a Gastritis, wer'n bösartig... nachher schmeißen s' die Alte ins Feuer... Halbstarkenproblem.
FREUND: Streiten wir nicht, Travnicek! Für mich ist zu Weihnachten die ganze Stadt ein Märchen. Überall auf den Geschäftsstraßen blitzt es und flimmert es. Kranzerln, Girlanderln, Sternderln. Wann S' das so funkeln und leuchten sehen, was wünschen Sie sich, Travnicek?
TRAVNICEK: An Kurzschluß.
FREUND: Mich freut's... und die Tannen... das frische Grün aus den verschneiten Wäldern – wann S' die so am Markt stehen sehen, an was denken S' da?
TRAVNICEK: An ein Märchen.
FREUND: Na, sehen S', Travnicek! An welches Märchen?
TRAVNICEK: Vom Bäumchen, das andere Blätter hat gewollt.
FREUND: Der schönste Brauch ist für mich aber eine Spezialität, die nur Österreich hat.

TRAVNICEK: Was hat nur Österreich?
FREUND: Die Stempel.
TRAVNICEK: Was für Stempel?
FREUND: Na, die Poststempel auf den Briefen: Christkindl. Das ist für mich der sinnigste Brauch in der Weihnachtszeit.
TRAVNICEK: Des ist ka sinniger Brauch. Des ist a Zufall.
FREUND: Was ist ein Zufall?
TRAVNICEK: Daß der Ort so haaßt. Wann i Christkindl heißen möcht', könnt' ich auch zu Weihnachten Briefe abstempeln.
FREUND: Sie können auf jeden Fall zu Weihnachten Briefe abstempeln.
TRAVNICEK: Was hab' i davon, wenn i zu Weihnachten Briefe abstempel, nachher steht Travnicek drauf? Glauben S', da kommt jemand in Weihnachtsstimmung? *Zählt seine Pakete ab und grübelt.*
FREUND: Was grübeln Sie, Travnicek?
TRAVNICEK: I denk' nach, ob i mehr Pakete oder mehr Verwandte hab'. *Nach kurzem Murmeln*: Der Tant' schenk' i nix.
FREUND: Warum nicht, Travnicek?
TRAVNICEK: Die braucht nix. Sie hat neulich Zeitung gelesen und hat gesagt, ihr schönstes Weihnachtsgeschenk is', wenn der Otto von Habsburg nach Österreich zurückkommt. Den leg' ich ihr unter'n Christbaum.
FREUND: Den Otto?
TRAVNICEK: A Bild von ihm. Unter Glas.
FREUND: Woher haben Sie ein Bild von ihm?
TRAVNICEK: Aus der Zeitung.
FREUND: Als Kaiser?
TRAVNICEK: Nein, als Doktor.
FREUND: Da wird Ihre Tant' eine Freud' haben...!
TRAVNICEK: Des glaub' i. Die siecht eh nix mehr.

FREUND: Mich freut's auch. Einen Österreicher, der wieder zurückfindet in seine Heimat. Dies Bild ist eine Herzensgabe...

TRAVNICEK: Wieso?

FREUND: Sie schenken es doch von ganzem Herzen. Oder haben S' was gegen 'n Otto?

TRAVNICEK: Warum? Wann i wem a Freud' machen kann, schenk' i ihn gern her.

ODWIN QUAST

Weihnachten

wo ist weihnachten
etwa bei dir
oder mir.
sicher aber
kurz vor mitternacht
als kleiner seufzer
in der straßenbahn
im elektrizitätswerk
oder auch
in der kirche
nach der christvesper
wenn das licht
verlöscht ist.

suchen wir weihnachten
hinter der verlorenheit
erleuchteter quadrate
oder in der träne
einer straßenbahnschaffnerin
die sie wegwischt
wenn eine kinderstimme
ein weihnachtslied singt.
suchen wir weihnachten
an der kneipe

in der muffigen gestalt
die keine seufzer hat.

am besten
wir verschenken weihnachten
am besten
wir pflanzen unsere seufzer
in die gestalt
an der kneipe
wir singen dann
ein weihnachtslied

R

Gustav Radbruch
Rainer Maria Rilke
Joachim Ringelnatz
Friedrich Rückert

GUSTAV RADBRUCH (1878–1949)

Die Jahreszeiten – Eine Weihnachtsrede

Weihnacht wollen wir miteinander feiern, wir, ein buntgemengter Kreis verschiedener Berufe, verschiedener Bekenntnisse, manche, deren Leben noch fest in dem Grunde des alten Glaubens wurzelt, viele, die sich längst, schmerzlich oder schmerzlos, aus ihm gelöst haben, einige vielleicht auch, die in ihm nie heimisch waren.

Ja, haben wir denn das Recht, uns zu einer Weihnachtsfeier zusammenzufinden? Gibt es noch eine Saite, die das Weihnachtsfest in uns allen gleichermaßen zum Klingen bringt? Ich glaube: doch. Wie die Madonnenbilder der großen Meister, so haben auch die christlichen Feiertage, von der Kirche nicht erzeugt, sondern übernommen, außer ihrer geschichtlich-kirchlichen Bedeutung noch einen ewigen, rein menschlichen Stimmungsgehalt, der sich ohne Unterschied des Glaubens einem jeden erschließt, als Feste der Jahreszeiten, als Sinnbilder menschlicher Lebensrichtungen. Ostern, das die Menschen auf tausend Wegen durch die lockende Frühlingswelt zerstreut; Weihnachten, das sie aus winterlich unwirtlicher Weite um die vertraute Flamme der Heimstätten versammelt – das ist der alljährliche Atemzug des Menschenlebens, sein Ausatmen gleichsam und sein Einatmen. Wie weit war die Welt und wie lockte die Ferne um die Osterzeit! Aber das Jahr ging seinen Gang, trug Blüten, trug Früchte, ward alt und entblätterte sich – und jetzt ist die Welt so eng geworden unter dem schwerlastenden Himmel, so kurz der Tag vom späten Aufgang bis zum frühen Niedergang, dass man schier fürchtet, die Nacht wolle das Licht ganz verschlingen. Ist es nicht, als wenn die Heimstätten der Menschen mit ihren trübe zwinkernden Lichtern, belagert von der Übermacht meilenweiter Finsternis, sich ihrer kaum noch erwehren? Und auch das Fünklein Lebensfreude, das Lebenslicht selbst droht in all der Dunkelheit auszulöschen, und wer sich der Altersgrenze nähert, die dem Menschenleben beschieden ist, denkt wohl in diesen trüben Tagen, er werde den Frühling nie mehr sehen.

Aber die Menschen ergreift in solch gemeinsamer Not ein Heimverlangen, das Heimweh nach Liebe, die Sehnsucht, selbst Liebe mit Liebe zu erwidern, und, wie es zum ersten Mal geschah, »da Cyrenius Landpfleger in Syrien war«, ziehen sie zu Weihnachten auf allen Straßen – in überfüllten Eisenbahnwagen heutzutage – in ihre Heimat, »ein jeglicher in seine Stadt«, und zünden einander zum Troste in der Dunkelheit Lichter an, soviel sie können.

Aber diese Einsamkeit inmitten dunkler Weiten, die uns um Weihnachten zum Bewußtsein kommt, ist sie nicht dauerndes Menschenlos? Auf unserem winzigen Balle in irgendeinem Winkel des grenzenlosen Weltenraums, einer grauenvollen Unendlichkeit voll unbekannter Gefahren – was sind wir anderes als ein Häuflein Kinder, die sich im Dunkel frierend und angstvoll zusammendrängen, Genossen des gleichen schweren Schicksals, die unter sich wenigstens ein Reich der Liebe aufrichten sollten. »Kindlein, liebet euch untereinander!« und: »Friede auf Erden und den Menschen ein Wohlgefallen!«, das möchte uns bei solcher Betrachtung wohl als der Weisheit letzter Schluss und das Weihnachtsbild der Mutter mit dem Kinde als tiefstes Sinnbild unserer Lebensaufgabe erscheinen.

Aber es wehrt sich etwas in uns dagegen, die Liebe zum einzigen Gesetze unseres Lebens zu erheben. Sind wirklich ich und du, der Nächste, die Menschen und der Mensch, sein Glück und seine seelische Erhöhung unseres Daseins letzter Zweck? Sind wir alle nicht vielmehr umgekehrt auf der Welt nur um unseres Werkes willen? Um mitzubauen an der großen Pyramide, in der auf dem Fundamente rastlos verfeinerter Technik sich die Freiheit und Gerechtigkeit des Gemeinschaftslebens und als höchster Gipfel die Werke der Wissenschaft, der Philosophie, der Kunst übereinandertürmen sollen? Mitzubauen an dem Monumentalbau der *Kultur*? Was gilt es, wenn wir und andere darüber zugrunde gehen, wenn nur der Bau steigt, Stufe um Stufe! Da gibt es nur eine Liebe, die zu unserer Arbeit, und die Menschen sind uns nur Mitarbeiter oder Zerstörer unseres Werkes, Kameraden oder Gegner – gerade wie wir in der Osterwelt uns nach allen Richtungen zerstreuen, mit wenigen Weggenossen nur, die das gleiche Ziel mit uns zusammenführte. Beim Bau an dem Babelturm der Kultur verwirren sich die Sprachen, scheiden sich die Geister, spalten sich die Menschen in Parteien, die einander nicht mehr verstehen und einander befehden. Da gibt es keinen Frieden – unser Werk ruft uns zum Kampfe bis zum letzten Blutstropfen gegen seine Gegner. Und ein Sinnbild dieser Welt des Kampfes der Meinungen und des Sieges der Idee mag uns wohl die österliche Heldengestalt sein, die mit der Siegesfahne in der Hand triumphierend aus dem Grabe aufersteht, das die Schergen ihrer Feinde vergeblich bewachen.

So leben wir ein jeder in zwei Welten mit verschiedenen, ja entgegengesetzten Aufgaben: in einer Welt der Liebe und des Friedens und in einer Welt des Wirkens und des Kampfes. Auch das schlichteste Leben hat an ihnen beiden Anteil: durch die Familie an der einen, durch den Beruf an der anderen. Durch die Familie wird es hinein verwoben in ein Netz hilfreicher Beziehungen von Mensch zu Mensch; im Berufe und vielleicht auch in der auf die Berufszugehörigkeit aufgebauten Partei arbeitet es, an wie bescheidener Stelle auch immer, mit am Bau der Kultur. Aber auch der Weiseste gelangt nie zu endgültiger Klarheit darüber, in welcher dieser beiden Welten der letzte Sinn unseres Lebens liegt. Vielleicht sagten wir gestern noch: Was gilt der Mensch, sein Glück und sein Leben, wenn nur das Werk der Menschheit erfüllt wird! Und heute sprechen wir: Was ist mit alledem geschehen? Ein wenig Licht, Ordnung und Schönheit in das Leben unserer Brüder zu bringen, gilt es nicht viel mehr als dies? Man möchte vielleicht sagen, die Welt der Liebe – das sei das Reich der Kindheit und des Alters, die Welt des Wirkens, das Reich der Mannheit; oder auch: dort sei die Frau heimisch, hier der Mann – wohnte nicht in jeder Menschenbrust die Fülle der Menschheit. Mensch sein heißt Kind, Mann und Greis zugleich sein; und männliches und weibliches Fühlen ist an alle Menschen ausgeteilt. Die Feste aber sind an unseren Lebensweg gestellt, wie man wohl an den Kreuzwegen Heiligenbilder errichtet: um an die Seiten unseres Wesens mahnend zu rühren, die der Werktag nicht zur Entfaltung kommen lässt.

Ostern sagt zu uns: Gedenke, dass du jung bist und dass die Welt weit ist. Die Ferne lockt. Sei frisch und hart. Lass nichts dich an die Heimat fesseln, auch die nicht, die dir die liebsten sind. Denn höher steht dein Wandern und dein Ziel. Aber dann spricht die Weihnacht: Konntest du vergessen, dass du ein Kind warst und Greis sein wirst? Vergessen der Sehnsucht nach Liebe und der Sehnsucht, Liebe zu erweisen? Und wiederum Ostern sagt: Sei frisch und hart zum Kampf. Der Mensch gilt nichts, das Werk der Menschheit alles. Dein Werk will Kampf. Aber die Weihnacht spricht:

Wohin du blickst, ist Kampf auf Erden.
Wohin du blickst, kann Friede werden.

RAINER MARIA RILKE (1875–1926)

Advent

Es treibt der Wind im Winterwalde
die Flockenherde wie ein Hirt,
und manche Tanne ahnt, wie balde
sie fromm und lichterheilig wird;
und lauscht hinaus. Den weißen Wegen
streckt sie die Zweige hin – bereit,
und wehrt dem Wind und wächst entgegen
der einen Nacht der Herrlichkeit.

RAINER MARIA RILKE (1875–1926)

Es gibt so wunderweiße Nächte

Es gibt so wunderweiße Nächte,
drin alle Dinge Silber sind.
Da schimmert mancher Stern so lind,
als ob er fromme Hirten brächte
zu einem neuen Jesuskind.

Weit wie mit dichtem Demantstaube
bestreut, erscheinen Flur und Flut,
und in die Herzen, traumgemut,
steigt ein kapellenloser Glaube,
der leise seine Wunder tut.

JOACHIM RINGELNATZ (1883–1934)

Schenken

Schenke groß oder klein,
Aber immer gediegen.
Wenn die Bedachten
Die Gaben wiegen,
Sei dein Gewissen rein.

Schenke herzlich und frei.
Schenke dabei
Was in dir wohnt
An Meinung, Geschmack und Humor,
So daß die eigene Freude zuvor
Dich reichlich belohnt.

Schenke mit Geist ohne List.
Sei eingedenk,
Daß dein Geschenk
Du selber bist.

JOACHIM RINGELNATZ (1883–1934)

Einsiedlers Heiliger Abend

Ich hab' in den Weihnachtstagen –
Ich weiß auch, warum –
Mir selbst einen Christbaum geschlagen,
Der ist ganz verkrüppelt und krumm.

Ich bohrte ein Loch in die Diele
Und steckte ihn da hinein
Und stellte rings um ihn viele
Flaschen Burgunderwein.

Und zierte, um Baumschmuck und Lichter
Zu sparen, ihn abends noch spät
Mit Löffeln, Gabeln und Trichter
Und anderem blanken Gerät.

Ich kochte zur heiligen Stunde
Mir Erbsensuppe mit Speck
Und gab meinem fröhlichen Hunde
Gulasch und litt seinen Dreck.

Und sang aus burgundernder Kehle
Das Pfannenflickerlied.
Und pries mit bewundernder Seele
Alles das, was ich mied.

Es glimmte petroleumbetrunken
Später der Lampendocht.
Ich saß in Gedanken versunken.
Da hat's an die Türe gepocht,

Und pochte wieder und wieder.
Es konnte das Christkind sein.
Und klang's nicht wie Weihnachtslieder?
Ich aber rief nicht: »Herein!«

Ich zog mich aus und ging leise
Zu Bett, ohne Angst, ohne Spott,
Und dankte auf krumme Weise
Lallend dem lieben Gott.

FRIEDRICH RÜCKERT (1788–1866)

Gottes Licht

Gekommen in die Nacht der Welt ist Gottes Licht;
wir sind daran erwacht und schlummern fürder nicht.

Wir schlummern fürder nicht den Weltbetäubungsschlummer,
wir blicken, wach im Licht, aufs Nachtgraun ohne Kummer.

Wo ist der Nächte Graun? es ist vom Licht bezwungen;
wir blicken mit Vertraun ins Licht, vom Licht durchdrungen.

Daß wir durchdrungen sind vom Lichte, dem wir dienen,
wir zeigens dem Gesind der Nacht in unsern Mienen.

In hellen Mienen macht sich kund die Kraft des Herrn,
und wer nicht in der Nacht kann leuchten, ist kein Stern.

S

Nelly Sachs
Klaus Schadewinkel
August Wilhelm Schlegel
Werner Schneyder
Wolfdietrich Schnurre
Friedrich Schorlemmer
Rudolf Alexander Schröder
Julian Schutting
Jan Skácel
Dorothee Sölle
Theodor Storm
Dieter Süverkrüp

NELLY SACHS (1891–1970)

Alles beginnt mit der Sehnsucht

Alles beginnt mit der Sehnsucht,
immer ist im Herzen Raum für mehr,
für Schöneres, für Größeres.
Das ist des Menschen Größe und Not:
Sehnsucht nach Stille,
nach Freundschaft und Liebe.

Und wo Sehnsucht sich erfüllt,
dort bricht sie noch stärker auf.

Fing nicht auch Deine Menschwerdung, Gott,
mit Sehnsucht nach dem Menschen an?

So lass nun unsere Sehnsucht damit anfangen,
Dich zu suchen,
und lass sie damit enden,
Dich gefunden zu haben.

KLAUS SCHADEWINKEL (*1941)

dezember

nach den langen adventswochen
beziehen die bücher quartier
und die älteren mönche
ihre lange weihnachtseinsamkeit.

der blick wird gewechselt
und nicht meßbares gemessen.

die stille stärkt sich neu.
kein loch wird geblasen
in die feste alte mauer,
die dazu errichtet wurde
den menschen vom menschen zu trennen.

winterherzen beschleunigen sich
um lange noch anzuhalten.

an den fenstern sichtbar
wird es kälter und
im park hat der mond
nachts noch mut.

AUGUST WILHELM SCHLEGEL (1767–1845)

Die heiligen drei Könige

Aus fernen Landen kommen wir gezogen;
   Nach Weisheit strebten wir seit langen Jahren,
   Doch wandern wir in unsern Silberhaaren.
   Ein schöner Stern ist vor uns hergeflogen.

Nun steht er winkend still am Himmelsbogen:
   Den Fürsten Juda's muß dies Haus bewahren.
   Was hast du, kleines Bethlehem, erfahren?
   Dir ist der Herr vor allen hochgewogen.

Holdselig Kind, laß auf den Knie'n dich grüßen!
   Damit die Sonne unsre Heimat segnet,
   Das bringen wir, obschon geringe Gaben.

Gold, Weihrauch, Myrrhen, liegen dir zu Füßen,
   Die Weisheit ist uns sichtbarlich begegnet,
   Willst du uns nur mit Einem Blicke laben.

WERNER SCHNEYDER (1937–2019)

Lob der Influenza

»Adventkalender« sehen bei Menschen in unsteten Berufen besonders psychopathisch aus. Was muß nicht alles – spätestens bis zum 23. – noch verabredet, erledigt, geliefert werden, da ja – wie wir wissen – »zwischen den Feiertagen« nichts und niemand »zu erreichen« ist und festzustehen scheint: nach den »Heiligen Drei Königen« ist es für alles zu spät.

So also hatte sich der bekannte Freiberufler S. seinen Christfest-Countdown besonders raffiniert eingeteilt. Schreiben. Proben. Abgabe. Premiere. Frühflug. Proben. Aufzeichnung. Rückflug und haarscharfes Landen im Weihnachtsfrieden.

Da kroch mitten in die Abwicklung computergenialer Terminverzahnung plötzlich etwas im Körper hoch, trübte den Blick, dröhnte im Hirn, quälte die Glieder, hitzte den Schädel. Kurze Zeit darauf hatte die »Influenza A«, eine Grippe de luxe, den Körper in ungeahnter Weise niedergedroschen, aktionsunfähig gemacht. Die Kalendereintragungen konnten nur mehr dazu taugen, resigniert betrachtet zu werden.

Hilflos, zwischen Schweißausbrüchen, Tiefschlaf und Schüttelfrost, kam dem Mann dann in den trüben Sinn, sein (Berufs-)Leben würde auch trotz der Terminausfälle weitergehen, und als ihm im Spiegel des Bades seine blasse, verschwollene Visage entgegenfieberte, dachte er, wenn die Influenza die Termine ohne Schaden schmeißen könne, dann hätte er das eigentlich selbst auch können. Ohne Influenza. – Und – so dachte er weiter – dieses höhere Wesen, das mit dem Weihnachtsfest und dem damit verbundenen Frieden in Verbindung gebracht wird, hat eben nicht nur die Krippe, sondern auch die Influenza erfunden und offensichtlich gewußt, warum. So begann er den rasselnden Bronchien und der rinnenden Nase partnerschaftlicher gegenüberzustehen und zu Kumpel »Virus« zu sagen: »Hab' schon verstanden, Alter!« Und so hoffen wir mit ihm, den Fischhändlern und den Königen aus dem Morgenland, der mit der Influenza geschlossene Frieden möge in den des Weihnachtsfestes geruhsam übergehen.

WERNER SCHNEYDER (1937–2019)

Das neue Bild

»Das Bild muß ich haben!« sagt er. Dabei hat er nicht die Absicht gehabt. Der Besuch beim jungen Maler ist ganz zufällig passiert. Sie sagt: »Du hast ganz recht. Das kaufen wir. Unbedingt.«

Szenenwechsel. Die Wohnung der beiden.
ER (das neue Bild selig betrachtend): Es wäre wunderbar über dem Eßtisch.
SIE: Schon. Aber wohin hängen wir dann den See vom K.?
ER: Gute Frage. Ich meine, übers Klavier.
SIE: Aber dort hängt doch das Venedig vom M. so traumhaft. Hast du selbst gesagt.
ER: Das stimmt.

Pause.

SIE: Wir könnten das neue Bild neben dem L. –
ER: Ausgeschlossen. Das haut sich im Motiv. Außerdem hat es dort nicht genügend Luft. Das braucht Raum. Das kann man nicht so hängen wie die Fische vom B.
SIE: Aber du wolltest doch den B. ursprünglich ohnehin über die Garnitur –
ER: Das mußt du geträumt haben. Ich hätte den B. am liebsten überhaupt nicht… Dir hat er ja so gefallen.
SIE: Du spinnst.

Pause.

ER: Bevor wir deine letzte Feststellung ausdiskutieren, wie wäre es mit dem neuen Bild statt der Federzeichnung von M.?
SIE: Das ist dort viel zu stark.
ER: Und statt dem –
SIE: Das neue ist kleiner. Das deckt doch nicht die Löcher ab, die du sinnloserweise in die Wand geschlagen hast, nur weil du damals unbedingt die Komposition von F. dorthin hängen wolltest. Und weil du behauptet hast, die hält nur auf Haken.
ER: Ich habe Löcher in die Wand geschlagen?!?! Ich??? Der ich, laut deiner Erzählung, noch nie einen Hammer in die Hand genommen habe??? Jetzt reicht's aber langsam!
SIE: Mir schon lange. Pause.
ER: Vorschlag. Wir lassen es erstmal rahmen.
SIE: Wieso? Es ist doch gerahmt.
ER: Aber scheußlich. Das braucht einen –
SIE: Das hängt doch ganz davon ab, wohin wir es –
ER: In mein Arbeitszimmer?
SIE: Kommt doch gar nicht in Frage.

Die Debatte endet nach vier Tagen. Mit neu gestalteten Bilderwänden in sämtlichen Räumen. Und dann passiert's: Zu Weihnachten schenkt ein Freund den beiden ein wunderschönes neues Bild.

WOLFDIETRICH SCHNURRE (1920–1989)

Anbetung

Ich bin kein König;
mein Fahrrad lehnt an diesem Stall
und alles, was ich bring, ist Angst:
Du wirst jetzt fliehn.

Der Esel hat schon aufgehört, das zarte
reifgeschmückte Maul
ins Gerstengold zu tauchen, bald
wird auch das Weiß der Tauben blasser,
und der Morgen mahnt.

Maria spiegelt sich
in einer leeren Büchse, deren Rund
verzerrt; ihr Mund übt Lächeln,
sie will gewappnet sein.

Das Feuerzeug, das Josef sich
an die zernarbte Pfeife hält,
läßt Schatten tanzen, seine Wangen
sammeln Nacht; der Bart,
mit Sägespänen dicht durchwirkt,
zuckt rhythmisch auf.

Du lachst.
Der Tabakqualm mischt sich
mit Myrrhenduft und zieht
als blaue Wolkenader
dem Stier ums Haupt, das schläfrig nickt.

Die hier Kronen trugen, sind
gegangen. Der Jordan führt noch
Flecke von Benzin; zu Stahl
vor Ehrfurcht ward die Woge
unterm Rad. Die Gaben
glänzen dumpf im Kot;
der Bastschuh Josefs trat sie ein;
Pokale hindern, wenn man flieht,
und Leuchter nützen nichts: das Licht
ist billig; wo man Sterne
auf den Schultern trägt.

Nur dieser eine, der uns rief,
erlischt zu früh:
Die Schafe werden wieder ruhig,
gestillt vom Staunen, schiebt der Hirt
die Krempe zwischen All und Aug,
und alle Wölfe atmen auf.

Noch lächelst du, und den Herodes
wird ein Eselstrott beschämen, doch
die Telefone schrillen
dein Frohlocken dir voraus;
und Grenzen hindern nur Verfolgte,
Verfolger reichen
übern Schlagbaum sich die Hand.

Der Pfeifenkopf ist ausgebrannt;
ein letzter Funken fliegt
ins Fell der Kuh, das ahnend bebt.
Maria bündelt die Konserven,
ein zweites Bündel dann, das Kind;
und mürrisch schiebt mich
Josef aus dem Weg.

Ich bin kein König;
mein Fahrrad lehnt an diesem Stall
und alles, was ich hab, ist Angst:
Du wirst jetzt fliehn.

FRIEDRICH SCHORLEMMER   (*1944)

Wir können

Wo über uns nicht mehr der Himmel von Bethlehem aufginge, aus dem der Engelsgesang des Friedens für die Erde kommt, bliebe uns nur Sorge. Bitten wir, hoffen wir, helfen wir, daß gelingt, was so mutig begonnen wurde. Ein grünes Signal für eine todbedrohte Welt, beruhend auf der Erkenntnis, daß »die beste Verteidigung der Abschluß eines gerechten Friedens« ist (Schimon Peres).
   Hungernde frieren. Bomben fallen. Die Natur seufzt. Die Saat wächst. Das Wort schlichtet. Die Hand ist ausgestreckt. Einen Augen-Blick scheint alles gut, und alles bittet um die Gnade des Friedens, allen zugute. Haben wir ein Ohr zu hören?
Könnten wir doch hören, heißt es in Psalm 85,
daß Gott Frieden zusagt,
damit wir nicht in Torheit geraten,
daß Güte und Treue einander begegnen,
Gerechtigkeit und Friede sich küssen
und unser Land seine Frucht gebe,
und unsere Erde Nahrung gebe, allen, allen. Könnten wir doch hören! Wir können.

RUDOLF ALEXANDER SCHRÖDER (1878–1962)

Weihnacht

Wir harren, Christ, in dunkler Zeit,
gib deinen Stern uns zum Geleit
auf winterlichem Feld.
Du kämest sonst doch Jahr um Jahr,
nimm heut auch unsere Armut wahr
in der verworrnen Welt.
Es geht uns nicht um bunten Traum
von Kinderlust und Lichterbaum,
wir bitten: Blick uns an
und laß uns schaun dein Angesicht,
drin jedermann, was ihm gebricht,
gar leicht verschmerzen kann.
Es darf nicht immer Friede sein.
Wer's recht begreift, der gibt sich drein,
hat jedes seine Zeit.
Nur deinen Frieden, lieber Herr,
begehren wir je mehr und mehr,
je mehr die Welt voll Streit.

JULIAN SCHUTTING (*1937)

Die Heiligendreikönige

die beiden beobachten den zu Herzen gehenden Augenblick, in welchem die Heiligendreikönige aus der Alpenlandschneewüste in ein Tiroler Dorf gezogen kommen –

es ist doch nicht wie in den Kalendergeschichten, sagt dann Judith, denn kaum, daß sie zu singen beginnen, bekommen sie auch schon ihre Spende, kein Wirt und kein Greißler hat für sie Zeit, nicht einmal die Touristen, schau nur, wie die Autos ihre Kleider mit Schneematsch beworfen haben!

eigentlich müßten sie ja schwarze Mäntel tragen, weil doch die Weisen aus dem Morgenland mit ihrer dummen Frage, wo der neue König anzubeten sei, den Unschuldigenkindertag verursacht haben! oder nein – diese verkleideten Kinder bedeuten ja den Wunsch, daß so kurze Zeit nach Weihnachten schon wieder Weihnachten gefeiert werden solle, mit noch schöneren Geschenken, und sie sind auch die Ankündigung des Kinderfaschings und der Faschingsumzüge! und wenn es die Heiligendreikönige vielleicht auch nicht gegeben hat, so hat es sicherlich in früheren Jahrhunderten drei Burschen gegeben, die, einer von ihnen auch noch mit Wildererfarbe unkenntlich gemacht und die anderen mit kräftigen Morgensternen ausgerüstet, zu entlegenen Höfen gezogen sind und die Herausgabe von Gaben gefordert haben.

erinnerst du dich an unser altes Winterbild, auf welchem, da zu der Weihnacht von Bethlehem auch die Weihnachtsbräuche gehören, hinter den Heiligendrei-Königen die Sternsinger standen? und nun stellen drei kleine Mädchen die Sternsinger dar!

den beiden wird unbehaglich, als sie die drei verkleideten Mädchen mit der Geldbüchse ohne Begleitung durch den Lehrer oder Pfarrer in der Dämmerung das Dorf verlassen sehen, wohl um im Dienste der Heidenmission noch das Waldhotel aufzusuchen – einer aber, beginnt Stephan, folgt den dreien heimlich von Haus zu Haus und betrachtet sie durch die Auslagen und Wirtshaustüren, es sind wirklich drei geschminkte und geschmückte Puppenmädchen, und geht ihnen in den Wald nach.

im Wald holt er sie mit ungeduldigen Schritten ein, setzt Judith ängstlich fort, erschreckt ihre lustigen Gespräche mit einem »Gelobt sei Jesus Christus!«, aber den drei Mädchen ist der seltsame Fremde sofort unheimlich und sie gehen schnell weiter.

nein, nein, sagt Stephan, nicht so schnell, meine Königinnen, sagt heiser der Fremde und packt eine am langen Mantel, darf nicht auch ich etwas für die Negerkinder spenden?, und steckt eine Münze nach der anderen in die schwere Büchse, die ja doch bald ihm gehören wird, aber jetzt singt ihr mir doch, mir allein, das Lied vom Kindlein nackt und bloß? die Sternsinger bleiben verlege stehen und singen, auch das jüngste Mädchen kichert nicht mehr, es läßt den seltsamen Mann am Schnürl des drehbaren Weihnachtssternes ziehen, damit wenigstens er den Kometen über Bethlehem kreisen und funkeln sieht, davon gerät er immer mehr in Begeisterung, betastet voll Bewunderung zuerst ihre Samtmäntel, dann Seidenkleider und zuletzt

bitte nein!, sagt Judith, wir müssen jetzt weiterziehen, und das alles ist dir doch nur eingefallen, weil wir vorher die Hubertusmäntel mit ihren Flinten und Schweißhunden gesehen haben, die Treibjagd ist längst aus, und Goldkronen mit Goldzacken sind keine Trophäen, überdies haben die Sternsinger mit ihren Schleppen ihre Spuren verwischt und mit Weihrauch die Hunde getäuscht, also laß den Dorftrottel sie von mir aus in die Wangen zwicken oder ihnen die Büchse abnehmen, mehr darf unschuldigen Kindern nicht geschehen, Bethlehem war genug!

JAN SKÁCEL (1922–1989)

Erwachsenenweihnacht

An der freude der kinder wärmen sie sich die hände
sie werden lächeln und sagen
es ist weihnachten
und der frost wird mit weißem faden
das ausgefranste einsäumen
das sich in den langen jahren in ihnen abgetragen hat

Und sie werden ein wenig fröhlich
und ein wenig traurig sein
und ein wenig sich über sich selbst amüsieren
und die stille wird ihre zehn finger spreizen
vor ihren gesichtern
und einfrieren in die verlassenen gassen

Und die warmen schultern der weihnachtsbäume
werden sich in die fenster zwängen wenn nach dem abendbrot
die kinderlosen spazierengehen
sich bei den händen halten
und selbst kinder sind
jeder von beiden bedacht
der erwachsenere zu sein
sich zu kümmern um den andern
denn draußen ist's glatt
und innen ist weihnachten

DOROTHEE SÖLLE   (1929–2003)

In dieser nacht

In dieser nacht
verließen die sterne ihre angestammten plätze
und zündeten lärmfeuer an
überschallschnell

In dieser nacht
verließen die hirten ihre arbeitsstellen
und schrien sich in die verkrusteten ohren
die neuen parolen

In dieser nacht
verließen die füchse die wärmenden höhlen
und der löwe wiegte den kopf
»das ist das ende
die revolution«

In dieser nacht
liefen die rosen der erde davon
und fingen das blühen an
im schnee

DOROTHEE SÖLLE   (1929–2003)

Unterbrechung

Du sollst dich selbst unterbrechen

Zwischen
arbeiten und konsumieren
soll stille sein
und freude,
dem gruß des engels zu lauschen
fürchte dich nicht

Zwischen
aufräumen und vorbereiten
sollst du es in dir singen hören
das alte lied der sehnsucht
maranata komm gott komm

Zwischen
wegschaffen und vorplanen
sollst du dich erinnern
an den ersten schöpfungsmorgen
deinen und aller anfang
als die sonne aufging
ohne zweck
und du nicht berechnet wurdest
in der zeit, die niemandem gehört
außer dem ewigen

THEODOR STORM (1817–1888)

Weihnachtslied

Vom Himmel in die tiefsten Klüfte
Ein milder Stern herniederlacht;
Es brennt der Baum, ein süß' Gedüfte
Durchschwimmet träumerisch die Lüfte,
Und kerzenhelle wird die Nacht.

Mir ist das Herz so froh erschrocken,
Das ist die liebe Weihnachtszeit!
Ich höre fernher Kirchenglocken
Mich lieblich heimatlich verlocken
In märchenstille Herrlichkeit.

Ein frommer Zauber hält mich wieder,
Anbetend, staunend muß ich stehn;
Es sinkt auf meine Augenlider
Ein goldner Kindertraum hernieder,
Ich fühl's, ein Wunder ist geschehn.

THEODOR STORM (1817–1888)

Knecht Ruprecht

Von drauß' vom Walde komm ich her;
Ich muß euch sagen, es weihnachtet sehr!
Allüberall auf den Tannenspitzen
Sah ich goldene Lichtlein sitzen;
Und droben aus dem Himmelstor
Sah mit großen Augen das Christkind hervor,
Und wie ich so strolcht' durch den finstern Tann,
Da rief's mich mit heller Stimme an:
»Knecht Ruprecht«, rief es, »alter Gesell,
Hebe die Beine und spute dich schnell!
Die Kerzen fangen zu brennen an,
Das Himmelstor ist aufgetan,
Alt' und Junge sollen nun
Von der Jagd des Lebens einmal ruhn;
Und morgen flieg ich hinab zur Erden;
Denn es soll wieder Weihnachten werden!«
Ich sprach: »O lieber Herre Christ,
Meine Reise fast zu Ende ist;
Ich soll nur noch in diese Stadt,
Wo's eitel gute Kinder hat.«
– »Hast denn das Säcklein auch bei dir?«
Ich sprach: »Das Säcklein, das ist hier;
Denn Apfel, Nuß und Mandelkern
Fressen fromme Kinder gern.«

– »Hast denn die Rute auch bei dir?«
Ich sprach: »Die Rute, die ist hier;
Doch für die Kinder nur, die schlechten,
Die trifft sie auf den Teil, den rechten.«
Christkindlein sprach: »So ist es recht;
So geh mit Gott, mein treuer Knecht!«
　Von drauß' vom Walde komm ich her;
Ich muß euch sagen, es weihnachtet sehr!
Nun sprecht, wie ich's hier innen find'!
Sind's gute Kind', sind's böse Kind'?

DIETER SÜVERKRÜP (*1934)

Stille Nacht

Stille Nacht, heilige Nacht!
Weihnachtsgeld wird gebracht
durch Herrn Ruprecht vom Lo-hohnbüro.
Schweigend geht die Belegschaft aufs Klo,
zählend, wie viele Krümel,
gnädig vom Herrntisch gefallen.

Stille Nacht, heilige Nacht!
Falscher Trost. Oh, wie lacht
der Direktor mit randvollem Mund,
singt uns gnädig zu göttlicher Stund:
»Arbeitsfriede auf Erden!«
Wir fallen mal wieder drauf rein.

Billige Nacht, eilige Nacht!
Ratenkauf, leichtgemacht
durch der Engel Alleluja.
Die gehören zum Werbe-Etat.
Denn der Vater im Himmel
ist Präsident vom Konzern.

Stille Nacht, heilige Nacht!
Lichterbaum angemacht.
Und ein liebliches Liedlein gesingt!
Und ein Eierlikörchen getrinkt!
Und die Kinder geprügelt,
bis sie hübsch andächtig sind.

Gute Nacht, peinliche Nacht!
Fernsehspiel ausgemacht.
Und im Magen ein flaues Gefühl,
weil die Liebe nicht hochkommen will.
Noch zwei Nächte zum Schlafen.
Dann wieder rinn in' Betrieb!

Stille Nacht, heilige Nacht!
Weihnachtsfest rumgebracht.
Großes Gähnen im Portemonnaie.
Überstunden tun immer noch weh.
Falscher Frieden auf Erden
feierten wir mit den Herrn.

T

Ludwig Thoma
Georg Trakl
Dieter Trautwein
Anton Pawlowitsch Tschechow
Kurt Tucholsky

LUDWIG THOMA (1867–1921)

Heilige Nacht

So ward der Herr Jesus geboren
Im Stall bei der kalten Nacht.
Die Armen, die haben gefroren,
Den Reichen war's warm gemacht.

Sein Vater ist Schreiner gewesen.
Die Mutter war eine Magd.
Sie haben kein Geld besessen,
Die haben sich wohl geplagt.

Kein Wirt hat ins Haus sie genommen,
Sie waren von Herzen froh,
Daß sie noch in Stall sind gekommen.
Sie legten das Kind auf Stroh.

Die Engel, die haben gesungen,
Daß wohl ein Wunder geschehn.
Da kamen die Hirten gesprungen
Und haben es angesehn.

Die Hirten, die will es erbarmen,
Wie elend das Kindelein sei.
Es ist eine G'schicht' für die Armen.
Kein Reicher war nicht dabei.

GEORG TRAKL (1887–1914)

Ein Winterabend

Wenn der Schnee ans Fenster fällt,
Lang die Abendglocke läutet,
Vielen ist der Tisch bereitet
Und das Haus ist wohlbestellt.

Mancher auf der Wanderschaft
Kommt ans Tor auf dunklen Pfaden.
Golden blüht der Baum der Gnaden
Aus der Erde kühlem Saft.

Wanderer tritt still herein;
Schmerz versteinerte die Schwelle.
Da erglänzt in reiner Helle
Auf dem Tische Brot und Wein.

DIETER TRAUTWEIN (1928–2002)

Weil Gott in tiefster Nacht erschienen

Weil Gott in tiefster Nacht erschienen,
kann unsre Nacht nicht traurig sein!
Der immer schon uns nahe war,
stellt sich als Mensch den Menschen dar.

Weil Gott in tiefster Nacht erschienen,
kann unsre Nacht nicht traurig sein!
Bist du der eignen Rätsel müd?
Es kommt, der alles kennt und sieht!

Weil Gott in tiefster Nacht erschienen,
kann unsre Nacht nicht traurig sein!
Er sieht dein Leben unverhüllt,
zeigt dir zugleich dein neues Bild.

Weil Gott in tiefster Nacht erschienen,
kann unsre Nacht nicht traurig sein!
Nimm an des Christus Freundlichkeit,
trag seinen Frieden in die Zeit!

Weil Gott in tiefster Nacht erschienen,
kann unsre Nacht nicht traurig sein!
Schreckt dich der Menschen Widerstand,
bleib ihnen dennoch zugewandt!

Weil Gott in tiefster Nacht erschienen,
kann unsre Nacht nicht endlos sein!

ANTON PAWLOWITSCH TSCHECHOW (1860–1904)

Wanka

Der neunjährige Wanka Shukow, der vor drei Monaten zum Schuster Aljachin in die Lehre gegeben worden war, legte sich in der Weihnachtsnacht nicht schlafen. Nachdem er abgewartet, bis seine Meistersleute und die Gesellen zur Frühmesse gingen, holte er aus dem Schrank des Hausherrn ein Fläschchen mit Tinte sowie einen Federstiel mit einer verrosteten Feder, breitete vor sich ein zerknittertes Stück Papier aus und begann zu schreiben. Doch bevor er den ersten Buchstaben hinmalte, blickte er noch einige Male scheu nach Tür und Fenster, schielte auch zum dunklen Heiligenbilde, zu dessen beiden Seiten die Regale mit den Leisten standen, und seufzte immer wieder. Das Papier lag auf der Bank, er selber aber kniete davor.

»Liebes Großväterchen, Konstantin Makarytsch!« schrieb er. »Ich schreibe Dir einen Brief. Ich beglückwünsche Sie zu Weihnachten, und ich wünsche Dir alles Gute vom Herrgott. Ich habe keinen Vater und kein Mütterchen mehr, Du allein bist mir geblieben.«

Wankas Augen hingen am dunklen Fenster, in welchem sich der Widerschein seiner kleinen Kerze flimmernd spiegelte, und er stellte sich seinen Großvater Konstantin Makarytsch leibhaft vor, der als Nachtwächter bei den Herrschaften Shiwarjow diente. Dies war ein kleines, dürres, doch ungewöhnlich bewegliches und flinkes altes Männchen von etwa fünfundsechzig Jahren mit ewig lachendem Gesicht und berauschten Augen. Tags schläft er in der Gesindeküche, oder er trieb seine Späße mit den Köchinnen, nachts jedoch schreitet er, in einen weiten Pelzmantel gehüllt, rund um die Besitzung und klopft auf sein Pochbrett. Hinter ihm zotten, die Köpfe gesenkt, die alte Kaschtanka und der kleine Rüde Wjun, so genannt wegen seiner schwarzen Farbe und seines Körpers, der lang wie ein Wiesel ist. Dieser Wjun, ungewöhnlich respektvoll und zärtlich, weiß genauso lieb die Seinen wie auch Fremde anzuschauen, doch er erfreut sich keines Kredites. Unter seinem respektvollen und demütigen Wesen birgt sich die allerjesuitischste Tücke. Niemand weiß besser als er, sich rechtzeitig anzuschleichen und ins Bein zu schnappen, niemand besser in den Eiskeller zu dringen oder den Bauern ein Huhn zu stehlen. Man hatte ihm schon manchmal die Hinterläufe fast abgeprügelt, zweimal hatte man ihn gehängt, jede Woche wurde er halbtot geschlagen, doch immer wieder lebte er auf.

Jetzt steht Großvater gewiß am Tor, er blinzelt mit den Augen zu den hellroten Fenstern der Dorfkirche hinüber und treibt, mit seinen Filzstiefeln stapfend, Allotria mit dem Gesinde. Sein Pochinstrument hängt an den Gürtel gebunden. Er klatscht in die Hände, zieht sich vor Kälte zusammen und zwickt, greisenhaft kichernd, bald die Zofe, bald wieder die Köchin.

»Ein wenig Tabak schnupfen?« sagt er, den Weibern seine Tabakdose hinhaltend.

Und die Weiber schnupfen und niesen. Der Großvater gerät darüber in unbeschreibliche Seligkeit, strömt vor heiterstem Lachen über und schreit:
»Laßt los, friert an!«
Tabak wird auch den Hunden zum Riechen gegeben. Kaschtanka niest, verzieht das Schnäuzchen und geht dann beleidigt beiseite. Wjun aber niest aus Ehrfurcht nicht und wedelt mit dem Schwanz. Und das Wetter ist wunderbar. Die Luft so still, so durchsichtig und frisch. Die Nacht ist dunkel, doch man sieht das ganze Dorf mit seinen weißen Dächern, den Rauch, der aus den Schornsteinen aufsteigt, die Bäume, vom Rauhreif versilbert, und die Schneewächten. Der ganze Himmel ist übersät mit heiter flimmernden Sternen, und die Milchstraße zeichnet sich klar ab, wie wenn sie vor den Feiertagen mit Schnee gewaschen und abgerieben worden wäre…

Wanka seufzte, tauchte die Feder ein und fuhr fort zu schreiben: »Und gestern wurde mir eine Abreibung zuteil. Der Hausherr zog mich an den Haaren auf den Hof und gab mir mit dem Knieriemen Senge, weil ich denen ihr Kindchen in der Wiege hätte schaukeln müssen und unversehens dabei eingeschlafen war. Und in der Woche hatte mir die Hausfrau befohlen, einen Hering zu putzen, ich aber hatte beim Schwanz begonnen, da nahm sie den Hering und begann mit seinem Maul mich in die Fresse zu stupsen. Und was die Gesellen sind, die spotten über mich, sie schicken mich in die Schenke nach Schnaps und heißen mich Gurken bei den Meistersleuten stehlen; der Hausherr aber haut mich dann mit dem, was ihm grade in die Hand fällt. Und zu essen gibt's überhaupt nichts. Am Morgen kriegt man Brot, zu Mittag Grütze und am Abend wieder Brot; was aber Tee oder Kohlsuppe ist, die fressen die Hausherrn selber. Und schlafen muß ich im Flur, wenn aber denen ihr Kindchen weint, dann schlafe ich überhaupt nicht, sondern schaukle nur die Wiege. Liebes Großväterchen, erweis mir die göttliche Güte, nimm mich von hier nach

Hause ins Dorf, ich kann ganz und gar nicht mehr … Ich verbeuge mich vor Dir bis zum Boden und werde ewig Gott für Dich anflehen; schaff mich von hier fort, sonst muß ich sterben …«

Wanka verzog den Mund, rieb sich mit seiner schwarzen Faust die Augen und schluchzte auf.

»Ich werde für Dich Tabak kleinhacken«, fuhr er fort, »und werde zu Gott beten, und wenn etwas vorkommen sollte, dann prügle mich nur wie die Ziege von Sidor. Doch wenn Du meinen solltest, daß ich nichts zu arbeiten hätte, so werde ich den Kommis um Christi willen bitten, mich die Stiefel putzen zu lassen, oder ich werde an Stelle Fedka als Unterhirt gehen. Liebes Großväterchen, ich kann ganz und gar nicht mehr, es ist rein zum Sterben. Ich hätte wollen zu Fuß ins Dorf laufen, doch ich habe keine Stiefel, und mich schreckt der Frost. Und wenn ich dann einmal groß sein werde, so will ich Dich dafür auch speisen und werde niemandem erlauben, Dich zu kränken; und solltest Du sterben, so werde ich für Deine Seelenruhe beten, ganz egal wie auch für Mütterchen Pelageja.

Und Moskau ist eine große Stadt. Die Häuser sind alle herrschaftlich, und Pferde gibt es viel, Schafe aber keine, und die Hunde sind nicht bös. Mit dem Weihnachtsstern ziehen die Kinder hier nicht herum, und auf dem Kirchenchor wird keiner zum Singen gelassen, doch einmal sah ich in einem Laden im Fenster, wie Angelhaken gleich mit der Angelschnur und für jeden Fisch gehandelt werden, sehr brauchbar, es gibt sogar einen Angelhaken, mit dem man einen Wels von einem halben Zentner halten könnte. Und gesehen habe ich auch Läden, wo alle möglichen Gewehre in der Art des vom gnädigen Herrn standen, so daß wohl jedes hundert Rubel kostete … Und in den Fleischgeschäften sind Auerhähne und Rebhühner und Hasen, doch an welchem Ort die geschossen werden, hierüber sagen die Leute im Laden nichts.

Liebes Großväterchen, und wenn bei den Herrschaften der Tannenbaum mit den Geschenken stehen wird, dann hol für mich eine vergoldete Nuß und tu sie in den grünen kleinen Kasten. Bitt sie Dir vom Fräulein Olga Ignatjewna aus, sage ihr, das ist für Wanka.«

Wanka seufzte fieberhaft und starrte aufs neue aufs Fenster. Er erinnerte sich, daß der Großvater immer wegen der Herrschaftstanne in den Wald gegangen war und dann seinen Enkel mitgenommen hatte. Das war eine lustige Zeit! Und der Großvater krächzte, und der Frost krächzte, und wenn Wanka die beiden ansah, dann mußte er auch krächzen. Bevor der Großvater darangeht, die Tanne zu fällen, raucht er stets ein Pfeifchen, schnuppert lange am Tabak herum und spottet über den verfrorenen Wanjuscha... Die jungen Tannen stehen, vom Reif umhüllt, regungslos und warten, welche ihr Leben lassen soll. Plötzlich fliegt, Gott weiß von wo, gleich einem Pfeil ein Hase über die Schneewächten... Der Großvater kann nicht an sich halten, sondern ruft:

»Halt ihn, halt ihn... halt ihn! Ach, du kurzschwänziger Satan!«

Die abgehauene Tanne zog der Großvater ins Herrenhaus, und dort wurde sie schön hergerichtet... Mehr als alle anderen kümmerte sich Fräulein Olga Ignatjewna darum, Wankas Liebling. Als Pelageja, Wankas Mutter, noch am Leben gewesen war und bei den Herrschaften Zofendienste verrichtet hatte, da hatte Olga Ignatjewna dem Wanka immer Bonbons gegeben, und sie hatte ihm vor lauter Nichtstun das Lesen beigebracht, das Schreiben, bis hundert zu zählen und sogar Quadrille zu tanzen. Als aber Pelageja dann gestorben war, wurde das Waisenkind Wanka zum Großvater in die Gesindeküche gesteckt, und dann aus der Küche nach Moskau zum Schuster Aljachin geschafft...

»Komm doch her, liebes Großväterchen«, fuhr Wanka fort, »ich fleh Dich bei Christus dem Gott an, nimm mich von hier. Hab Mitleid mit mir, dem unglücklichen Waisenkind, denn hier prügeln mich alle, und ich will so schrecklich gern essen, und es ist alles so traurig, daß ich es gar nicht sagen kann, ich weine immerzu. Und neulich hat mich der Meister mit einem Stiefelholz über den Kopf geschlagen, daß ich hingefallen bin und nur mit Müh und Not zu Besinnung kam. Mein Leben ist ganz verdorben, schlimmer als das eines Hundes... Und dann laß ich noch Aljona grüßen, den einäugigen Jegorka und den Kutscher, und was meine Harmonika ist, die gibst Du keinem. Ich verbleibe Dein Enkel Iwan Shukow, liebes Großväterchen, komm.«

Wanka faltete das vollgeschriebene Papier viermal und tat es in einen Briefumschlag, den er tags zuvor für eine Kopeke gekauft... Und nachdem er etwas nachgedacht, tauchte er die Feder ein und schrieb die Adresse: »Ins Dorf zum Großväterchen.« Hierauf kratzte er sich, überlegte und setzte hinzu: »Konstantin Makarytsch«. Zufrieden damit, daß ihn keiner gehindert hatte zu schreiben, stülpte er die Mütze auf und lief, ohne erst sein Pelzmäntelchen überzuwerfen, direkt in Hemdärmeln auf die Straße...

Die Ladenleute aus dem Fleischladen, die er tags zuvor befragt, hatten ihm gesagt, daß Briefe in Postkästen geworfen werden und daß sie aus den Kästen von betrunkenen Kutschern mit den Postdreigespannen mit hell klingenden Glöckchen über die ganze Erde befördert würden.

Wanka lief bis zum ersten Postkasten und steckte den kostbaren Brief durch den Spalt...

Von süßen Hoffnungen umschmeichelt, schlief er eine Stunde darauf bereits fest... Ihm träumte ein Ofen. Auf dem Ofen sitzt der Großvater, seine bloßen Füße hängen herab, und er liest den Köchinnen den Brief vor... Und neben dem Ofen streicht Wjun umher und wedelt mit dem Schwanz...

KURT TUCHOLSKY (1890–1935)

Groß-Stadt – Weihnachten

Nun senkt sich wieder auf die heim'schen Fluren
die Weihenacht! die Weihenacht!
Was die Mamas bepackt nach Hause fuhren,
wir kriegens jetzo freundlich dargebracht.

Der Asphalt glitscht. Kann Emil das gebrauchen?
Die Braut kramt schämig in dem Portemonnaie.
Sie schenkt ihm, teils zum Schmuck und teils zum Rauchen,
den Aschenbecher aus Emalch glasé.

Das Christkind kommt! Wir jungen Leute lauschen
auf einen stillen heiligen Grammophon.
Das Christkind kommt und ist bereit zu tauschen
den Schlips, die Puppe und das Lexikohn.

Und sitzt der wackre Bürger bei den Seinen,
voll Karpfen, still im Stuhl, um halber zehn,
dann ist er mit sich selbst zufrieden und im reinen:
»Ach ja, son Christfest ist doch ooch janz scheen!«

Und frohgelaunt spricht er vom »Weihnachtswetter«,
mag es nun regnen oder mag es schnein.
Jovial und schmauchend liest er seine Morgenblätter,
die trächtig sind von süßen Plauderein.

So trifft denn nur auf eitel Glück hienieden
in dieser Residenz Christkindleins Flug?
Mein Gott, sie mimen eben Weihnachtsfrieden...
»Wir spielen alle. Wer es weiß, ist klug.«

KURT TUCHOLSKY (1890–1935)

Weihnachten

So steh ich nun vor deutschen Trümmern
und sing mir still mein Weihnachtslied.
Ich brauch mich nicht mehr drum zu kümmern,
was weit in aller Welt geschieht.
Die ist den andern. Uns die Klage.
Ich summe leis, ich merk es kaum,
die Weise meiner Jugendtage:
    O Tannebaum!

Wenn ich so der Knecht Ruprecht wäre
und käm in dies Brimborium
– bei Deutschen fruchtet keine Lehre –
weiß Gott! ich kehrte wieder um.
Das letzte Brotkorn geht zur Neige.
Die Gasse grölt. Sie schlagen Schaum.
Ich hing sie gern in deine Zweige,
    o Tannebaum!

Ich starre in die Knisterkerzen:
Wer ist an all dem Jammer schuld?
Wer warf uns so in Blut und Schmerzen?
Uns Deutsche mit der Lammsgeduld?
Die leiden nicht. Die warten bieder.
Ich träume meinen alten Traum:
Schlag, Volk, den Kastendünkel nieder!
Glaub diesen Burschen nie, nie wieder!
Dann sing du frei die Weihnachtslieder:
   O Tannebaum! O Tannebaum!

KURT TUCHOLSKY (1890–1935)

Einkäufe

Was schenke ich dem kleinen Michel
zu diesem kalten Weihnachtsfest?
Den Kullerball? Den Sabberpichel?
Ein Gummikissen, das nicht näßt?
    Ein kleines Seifensiederlicht?
    Das hat er noch nicht. Das hat er noch nicht!

Wähl ich den Wiederaufbaukasten?
Schenk ich ihm noch mehr Schreibpapier?
Ein Ding mit schwarzweißroten Tasten;
ein patriotisches Klavier?
    Ein objektives Kriegsgericht?
    Das hat er noch nicht. Das hat er noch nicht!

Schenk ich den Nachttopf ihm auf Rollen?
Schenk ich ein Moratorium?
Ein Sparschwein, kugelig geschwollen?
Ein Puppenkrematorium?
    Ein neues gescheites Reichsgericht?
    Das hat er noch nicht. Das hat er noch nicht!

Ach, liebe Basen, Onkels, Tanten –
schenkt ihr ihm was. Ich find es kaum.
Ihr seid die Fixen und Gewandten,
hängt ihrs ihm untern Tannenbaum.
    Doch schenkt ihm keine Reaktion!
    Die hat er schon. Die hat er schon!

KURT TUCHOLSKY (1890–1935)

Weihnachten

Nikolaus der Gute
kommt mit einer Rute,
greift in seinen vollen Sack –
dir ein Päckchen – mir ein Pack.
Ruth Maria kriegt ein Buch
und ein Baumwolltaschentuch,
Noske einen Ehrensäbel
und ein Buch vom alten Bebel,
sozusagen zur Erheiterung,
zur Gelehrsamkeitserweiterung . . .
Marloh kriegt ein Kaiserbild
und nen blanken Ehrenschild.
Oberst Reinhard kriegt zum Hohn
die gesetzliche Pension...
Tante Lo, die, wie ihr wißt,
immer, immer müde ist,
kriegt von mir ein dickes Kissen. –
Und auch hinter die Kulissen
kommt der gute Weihnachtsmann:
Nimmt sich mancher Leute an,
schenkt da einen ganzen Sack
guten alten Kunstgeschmack.
Schenkt der Orska alle Rollen
Wedekinder, kesse Bollen –

(Hosenrollen mag sie nicht:
dabei sieht man nur Gesicht…).
Der kriegt eine Bauerntruhe,
Fräulein Hippel neue Schuhe,
jener hält die liebste Hand –
Und das Land? Und das Land?
Bitt ich dich, so sehr ich kann:
Schenk ihm Ruhe –
          lieber Weihnachtsmann!

KURT TUCHOLSKY (1890–1935)

Gefühle nach dem Kalender

Eigentlich ist es ja ein bißchen merkwürdig: wenn nur noch wenige dünne Kalenderblätter den Abreißer vom 24. Dezember trennen, so senkt sich jenes weihnachtliche Gefühl auf ihn hernieder, das ihr alle kennt. Er wird ein bißchen weich, er wird ein wenig träumerisch, und wenn der ganze Apparat des Einkaufs vorbeigeklappert ist, wenn all das Tosen und Wirken vorüber ist, dann saugt er doch an seiner Weihnachtszigarre und denkt sich dies und das und allerlei. Aber wie denn? Kann man denn seine Gefühle kommandieren –? Kann man denn – nach dem Kalender – seine Empfindungen regeln?

Man kanns nicht. Der Schnurriker Mynona erzählt einmal die Geschichte vom Schauspieler Nesselgrün, dem es plötzlich einfiel, sein ihm zustehendes Weihnachten im August zu feiern – und unter unendlichem Hallo geht denn diese deplacierte Festlichkeit auch vor sich. Aber wir haben doch gelacht, als wir das lasen. Könnten wir andern das auch? Es ist wohl nicht nur die Furcht, uns lächerlich zu machen – es muß noch etwas anderes sein.

Der Grund, daß wir wirklich – jeden Weihnachten – in jedem Jahr – immer aufs neue imstande sind, genau um den 25. Dezember herum die gleichen starken Gefühle zu hegen liegt doch wohl darin, daß sie sich angesammelt haben. Es muß doch irgend etwas da sein, das tropfenweise anschwillt, das ganze Jahr hindurch.

Schließlich ist doch der Kalender etwas ganz Äußerliches, Relatives, wir sind in gewisser Hinsicht mit ihm verwachsen – aber die Zeit ist nicht in uns, wir sind in der Zeit. Und das kleine Blättchen, das den Vierundzwanzigsten anzeigt, ist kein Grund, es ist ein Signal und ein Anlaß.

Ich habe immer das Gefühl, als ob wir jede Woche im Jahr weihnachtliche Empfindungen genug aufbrächten – aber gute Kaufleute, die wir sind, legen wir sie »in kleinen Posten« zurück, bis es sich einmal lohnt. Im Dezember ist dann das Maß meist voll. Ist es nicht schließlich mit jedem Gedenktag so –? Warum sollen wir gerade am neunzehnten an sie denken, und warum nicht einen Tag später –? ›Heute vor einem Jahr – –‹ ach Gott, entweder wir empfinden immer, daß sie auf der Welt ist – oder wir empfindens am neunzehnten auch nur konventionell. Gefühle nach dem Kalender –: das geht nur, wenn der Kalender sie ins Rollen bringt.

Gefühle nach dem Kalender... Wir haben alle nur keine Zeit, um gut zu sein, wie? Wir haben nur alle keine Zeit. Und müssen tausend- und tausendmal herunterschlucken und herunterdrücken und sind vielleicht im Grunde alle froh, allweihnachtlich einen Anlaß gefunden zu haben, den gestauten Sentiments freien Lauf zu lassen. Wer erst nach dem Kalenderblatt sieht, sich vor den Kopf schlägt und »Ach, richtig!« ruft – dem ist nicht zu helfen.

Vielleicht hat diese neue – ehemals große – Zeit manches am deutschen Weihnachtsfeste geändert. Ich weiß nicht, obs innerlicher geworden ist. Es täte uns so not – nicht aus Gründen der Religion, die jedermanns Privatsache ist – sondern aus Gründen der Kultur. Diesem Volk schlägt ein Herz, aber es liegen so viel Kompressen darauf...

Reißt sie ab. Wagt einmal (was besonders dem Norddeutschen schwer und sauer fällt), wagt einmal, geradeaus zu empfinden. Und wenn euch das Fest nach all dem, was geschehen ist, doppelt lieb, aber doppelt schwierig erscheint, dann denkt daran, wie ihr es im Feld gefeiert habt, und wo – und denkt daran, wie es ein Halt gewesen ist gegen die Lasten des äußern und innern Feindes, und wie schon das Datum, wie schon der Kalender Trost war in verdammt schwarzen Tagen. Und – weil wir hier gerade alle versammelt sind – denkt schließlich und zu guter Letzt – auch an etwas anderes.

Nach dem Kalender fühlen... Aber habt ihr einmal geliebt...? Die Damen sehen in ihren Schoß, und die Herren lächeln so unmerklich, daß ich von meiner Kanzel her Mühe habe, es zu erkennen. Also ihr habt geliebt, und ihr – ich sehe keinen an – liebt noch. Nun, ihr Herren, und wenn sie Geburtstag hat? Nun, ihr Herren, und wenn der Tag auf dem Kalender steht, an dem ihr sie zum erstenmal geküßt habt –? Nun?

Ihr feiert das. Was im ganzen Jahr künstlich oder zufällig zurückgedämmert war – es bricht – wenns eine richtige Liebe ist – elementar an solchem Tage hervor aus tiefen Quellen. Der Tag, dieser dumme Tag, der doch gleich allen anderen sein sollte, ist geheiligt und festlich und feierlich und freundlich – und ihr denkt und fühlt: sie – und nur sie. Nach dem Kalender...?

Nicht nach dem Kalender. Ihr tragt alle den Kalender in euch. Es ist ja nicht das Datum oder die bewußte Empfindung, heute müsse man nun... Es ist, wenn ihr überhaupt wißt, was ein Festtag ist, was Weihnachten ist: euer Herz.

Laßt uns einmal von dem Festtags-›Rummel‹ absehen, der in einer großen Stadt unvermeidlich ist. Laßt uns einmal daran denken, wie Weihnachten gefeiert werden kann, unter wenigen Menschen, die sich verstehen. Das ist kein Ansichtskarten-Weihnachten. Das ist nicht das Weihnachten des vierundzwanzigsten Dezember allein – es ist das Weihnachten der Seele. Gibt es das –?

Es soll es geben. Und gibt es auch, wenn ihr nur wollt. Grüßt, ihr Herren, die Damen, küßt ihnen leise die Hand (bitte in meinem Auftrag) und sagt ihnen, man könne sogar seine Gefühle nach dem Kalender regeln: zum Geburtstag, zum Gedenktag – und zu Weihnachten.

Aber man muß welche haben.

U

Giuseppe Ungaretti
John Updike

GIUSEPPE UNGARETTI (1888–1970)

Weihnacht

Neapel, 26. Dezember 1916

Mich gelüstet es nicht
einzutauchen
in einen Knäuel
von Straßen.

Soviel Müdigkeit
trag ich
mit mir herum.

Laßt mich nur
so wie ein Ding –
hingestellt
in eine
Ecke
und vergessen.

Hier
ist nichts
zu spüren als
die gute Wärme

Mir
genügen die vier
Luft-
sprünge des Rauchs
vom Herd.

JOHN UPDIKE   (1932–2009)

Die zwölf Schrecken der Weihnacht

1. Santa, der Mann
Lose sitzender Nylonbart, getürktes Augenzwinken, billiger roter Anzug, komischer Geruch nach Schnaps, wenn man auf seinem Schoß sitzt. Wenn er so eine große Nummer ist, warum lebt er dann elf Monate im Jahr von der Stütze?

Irgendwie unheimlich, nicht ganz astrein, der Kerl, wie einer von der Gruseltruppe bei Stephen King.

2. Santa, die Idee
Jemand, der auch nur halbwegs bei Verstand ist, würde der am Nordpol leben wollen, auf Treibeisschollen? Oder die ganze Nacht aufbleiben, am Himmel herumfliegen und Geschenke verteilen, an Kinder, die womöglich gar keine verdient haben? Es gibt einen Punkt, da bekommt Altruismus etwas Krankhaftes. Oder aber er ist das üble Deckmäntelchen für irgendwelche internationalen Machenschaften.

Ein Mann mit dubioser Adresse, ohne plausible Quelle, aus der er seinen beträchtlichen Reichtum schöpft, steigt nach Mitternacht, wenn anständige, gesetzestreue Bürger mollig in ihren Betten liegen, durch den Schornstein ein – wenn das kein Grund zur Besorgnis ist!

3. Santas Gehilfen
Nochmals: Was wird da gespielt? Warum nehmen diese Wichtelmänner ausbeuterische Arbeitsbedingungen hin, in einer Gegend, die zu den trostlosesten der ganzen Welt gehören muss, wenn sie nicht einen Nutzen davon hätten, der zu unseren Lasten geht?
Heute Unterschichtsmasochismus, morgen blutige Rebellion. Das Ratatatat winziger Hämmer ist vielleicht bloß der Anfang.

4. O Tannebaum
Wenn er nun umkippt unter der Last der bunten Kugeln, die mit einem Knall zerplatzen? Oder die Holzwürmer, die in ihm wohnen, wandern ab und siedeln sich in den Möbeln an? Ein Baum hat etwas Gespenstisches – die vielgliedrige Erstarrung, in der er dasteht, seine struppige, bedenkenlose Aufgerichtetheit: Wenn einen das schon bei der Begegnung im Freien beunruhigt, wie viel mehr dann im Wohnzimmer! Nachts kann man hören, wie er raschelt und Wasser aus dem Eimer trinkt.

5. Winzige Rentiere
Hufe, die durch Dachschindeln schneiden wie Linoleummesser.
Geweihe wie hundert tote Zweige.
Flugbild schwankend, erinnernd an »welke Blätter, die vor dem wilden Sturmwind fliehn«. Fell wahrscheinlich voll von krankheitserregenden Zecken.

6. Tod durch Stromschlag
Es sind nicht mehr bloß die defekten Lichterschnüre oder der durchgeschmorte Trafo der schnittigen kleinen Eisenbahn. Es sind all die Batteriepakete, die elektronischen Spiele, die digitalen Lexika, die Roboter, die nur so zischen vor künstlicher Intelligenz. Sogar das Lametta ist geladen.

7. Weihnachtslieder
Sie dröhnen und klingeln von den hohen Decken der Supermärkte und Discountläden, aber die Stimmung sinkt und sinkt. Ist uns das Herz so schwer geworden, seit wir keine Kinder mehr sind? Was ist mit uns geschehen? Waum spielen sie nie mehr unsere Lieblingslieder? Was *waren* unsere Lieblingslieder? Damdidam der Engelein Chor und so weiter am himmlischen Tor.

8. Das Feiertagsprogramm
War Charlie Browns Stimme schon immer so wehleidig und nervtötend? Hat Bing Crosby immer schon diesen kleinen Schmerbauch gehabt, und ist er immer schon so gegangen, mit den Zehen nach außen? War das nicht Danny Kaye / Fred Astaire / Jimmy Stewart?
Lebt Vera-Ellen eigentlich noch? Gibt es nicht irgendwas anderes, Wrestling vielleicht oder »Osterspaziergang«?

9. Angst, nicht genug zu schenken
Führt zu Schwindelanfällen im Einkaufszentrum, zu angeknacksten Knöcheln auf beschleunigten Rolltreppen, zu verstauchten Daumen und Handgelenken beim Transportieren der Tragetüten, zu Augen- und Gesichtsverletzungen in Bussen voller Pappkartons und zu dem flatterigen Gefühl, die Orientierung verloren zu haben und kurz vor der Verarmung zu stehen.

10. Angst, nicht genug geschenkt zu bekommen
Führt zu bangem Inspizieren der Paketpost und zur Identitätskrise am Weihnachtstag, wenn die Berge aus zerknülltem Einwickelpapier und geleerten Schachteln sich um jeden Stuhl höher türmen, bloß um deinen nicht. Drei öde Schlipse und ein Paar gefütterter Arbeitshandschuhe – so sehen sie dich also?

11. Angst vorm Umtausch
Die Peinlichkeiten, das unziemliche Gefeilsche. Die verlorenen Kassenbons. Die Beschuldigung, die Ware sei beschädigt. Der entwürdigende Abstieg zu den Krämergeistern des Merkantilismus.

12. Die Dunkelheit
Wie früh sie jetzt kommen! Wie grieselig und grün um die Nase alle aussehen, während sie, winterlich grau vermummt, vorüberschleichen im phosphorizierenden Schein von Kaufhausfenstern, dekoriert mit Styroporschnee, Pappmachészenen eines künstlichen 1890 und wachsblassen Schaufensterpuppen, die zu Posen verlogener Unbeschwertheit hingerenkt sind und karierte Bademäntel tragen. Ist das die Hölle oder bloß ein Indiz für gestiegene Konsumgläubigkeit?

V

Heinrich Vogel

HEINRICH VOGEL (1902–1989)

Ach Kindlein

Ach Kindlein
mach uns alle
hier
deines Heils gewiß,
denn draußen
vor dem Stalle
ist lauter
Finsternis.
Nimm alles,
was wir haben,
nimm unsre Not
und Schuld,
laß unser Herz
sich laben
an deiner
Gotteshuld!

W

Jan Wagner
Robert Walser
Josef Weinheber
Urs Widmer
Oscar Wilde

JAN WAGNER   (*1971)

dezember 1914

»*One of the nuts belonging to the regiment got out of the trenches and started to walk towards the German lines.*«

natürlich dachten wir, daß sie plemplem
geworden waren, als sie ungeschützt
aus ihrer deckung traten, nur mit plum-
pudding und mistelzweig – doch kein geschütz

schlug an. wir trafen sie im niemandsland,
unschlüssig, was zu tun sei, zwischen gräben
und grenzen, schlamm und draht, und jede hand
an ihrer hosennaht. bis wir die gaben

verteilten: einer hatte zigaretten
dabei und einer bitterschokolade,
ein dritter wußte mittel gegen ratten
und läuse. die an diesem punkt noch lade-

hemmung hatten, zückten nach dem rum
familienfotos, spielten halma
und standen lärmend, wechselten reihum
adressen, uniformen, helme,

bis kaum etwas im schein der leuchtspurgarben
auf diesem aufgeweichten, nackten anger
zu tauschen übrig blieb außer den gräben
im rücken, ihrem namenlosen hunger.

ROBERT WALSER (1878–1956)

Weihnacht

Weihnachten? O! Das wird den schlechtesten Aufsatz geben; denn über etwas so Süßes kann man nur schlecht schreiben. – In den Straßen, in den Hausgängen, auf den Treppen, in den Zimmern roch es nach Orangen. Der Schnee lag dick draußen. Weihnachten ohne Schnee wäre unerträglich. Am Nachmittag ließen sich zwei erbärmlich dünne Stimmchen vor unserer Haustüre vernehmen. Ich ging, um zu öffnen. Ich wußte, es waren arme Kinder. Ich sah sie ziemlich lange und herzlos an. »Was wollt ihr?« fragte ich sie. Da weinte das kleine Mädchen. Es tat mir leid, so barsch gewesen zu sein. Die Mutter kam, schickte mich weg und gab den Kindern kleine Geschenke. Als der Abend kam, hieß mich die Mutter ins schöne Zimmer eintreten. Ich tat es mit Zittern. Ich gestehe, ich hatte eine gewisse unerklärliche Angst vor dem Beschenktwerden. Meine Seele fragt Geschenken nichts nach. Ich ging hinein, die Augen schmerzten mich, als ich in das Meer von Licht und Lichtern trat. Ich saß vorher lange im Dunkeln. Der Vater saß da, im ledernen Lehnstuhl, und rauchte. Er stand auf und führte mich artig zu den Geschenken. Es war mir sehr unbehaglich. Es waren die hübschesten Sachen, die ein Auge und ein Herz erfreuen konnten. Ich lächelte und versuchte etwas zu sagen. Ich streckte dem Vater die Hand hin und sah ihn dankbar an. Er fing an zu lachen und mit mir zu plaudern, über die Geschenke, ihre Bedeutung, ihren Wert und über meine Zukunft. Ich ließ mir nicht merken, was mir das für ein Vergnügen machte. Die Mutter kam und setzte sich zu uns.

Ich fühlte das Bedürfnis, ihr etwas Liebes zu sagen, brachte es aber nicht über die Lippen. Sie merkte, wo ich hinaus wollte und nahm mich nahe zu sich und küßte mich. Ich war unsäglich glücklich und froh, daß sie mich verstanden hatte. Ich schmiegte mich eng an sie und schaute in ihre Augen, die voll Wasser waren. Ich sprach, aber es hatte keinen Ton. Ich war so glücklich, daß ich auf diese schönere Weise mit meiner Mutter sprechen konnte. Hernach waren wir sehr lustig. Es wurde Wein aus zierlich geschliffenen Gläsern getrunken. Das brachte Fluß und Lachen in die Unterhaltung. Ich erzählte von der Schule und von den Lehrern, indem ich besonders ihre komischen Seiten hervorhob. Man verzieh mir gern meine Ausgelassenheit. Die Mutter ging ans Klavier und spielte ein einfaches Lied.

Sie spielt ungemein zart. Ich rezitierte ein Gedicht. Ich rezitiere ungemein schlecht. Die Magd kam herein und brachte Kuchen und köstliches Backwerk (Rezept der Mutter). Sie machte ein dummes Gesicht, als sie beschenkt wurde. Sie küßte aber artig meiner Mutter die Hand. Mein Bruder hatte nicht kommen können, das bedauerte ich lebhaft. Unser Hausdiener, der alte Fehlmann, bekam ein großes geschlossenes Paket; er lief hinaus, um es zu öffnen. Wir lachten. Weihnachten ging so still vorüber. Wir saßen endlich ganz allein beim Wein und sprachen ganz wenig. Danach verstrich die Zeit rasch. Es war zwölf Uhr, als wir uns erhoben, um ins Bett zu gehen. Am andern Morgen sahen wir alle ziemlich müde aus. Der Weihnachtsbaum ebenfalls. Nicht wahr, das alles ist schlecht geschrieben? Aber ich habe es wenigstens vorausgesagt, und so kann der Vorwurf mich nicht in Erstaunen setzen.

ROBERT WALSER   (1878–1956)

Weihnacht

In einem Buch ich las
von einem Städtchen zart wie Glas;
die Dächer, Türme, Giebel
hatten etwas von einer Fibel,
und Niedlichkeiten gab es da,
wie man sie zierl'cher nirgends sah.
Jeweilen um das Weihnachtsfest
kamen Schauspieler in das Nest
mit Heroinen und Novizen
und nigelnagelneuen Witzen.
Wie war Amalia im Park
in der Franzmoorabfert'gung stark.
Entzückend zückte sie den Degen
ihret- und ihres Lieblings wegen.
Tragisch marschierte auf die Bühne
Hamlet, der Däne, und der Hüne
Othello taumelte zur Erde
mit eifersüchtiger Gebärde.
Dieweil man noch ein Knabe sei,
agierte man im Wald Karl May,
an dessen »Sklavenkarawane«
ich hiemit literarisch mahne.
Zur schönen Weihnachtszeit glich kaum
das Kleinstadtbild nicht einem Traum.

ROBERT WALSER (1878–1956)

Das Christkind

Nicht glänzend ging es damals zu,
ein Kälbchen machte friedlich muh,
ein Eselchen stand an der Krippe,
beschnüffelte mit seiner Lippe
ein kleines Bündelchen von Stroh,
es gab noch keinen Bernhard Shaw,
ein Satz, womit ich illustriere
die Einfalt meiner lieben Tiere,
die man am Abhang weiden sah.
Als sei die Nacht dem Tage nah,
war's hell üb'rall in der Umgebung,
und in bezug auf die Bewegung,
die ich dem Lied hier geben will,
verhielt sich die Madonna still,
als sei sie selig; ihr Gemahl
stand im durchaus nicht prächt'gen Saal,
als habe sich hier nimmermehr
etwas ereignet, das er sehr
schwer etwa hätte nehmen müssen.
Die Hirten würden es nun grüßen,
das kindlich auf dem Schoß ihr lag,
und ich nun nichts mehr sagen mag,
weil es mir scheint, was ich berichte,
beziehe sich auf Weltgeschichte.
In engem Stalle fing die Bahn
von etwas Einflußreichem an.

JOSEF WEINHEBER   (1892–1945)

Heilige Nacht

Zuhinterst im Stall,
wo die Bleß umstand,
lehnt Marie, die Magd,
an der feuchten Wand.

Die Küh' schau'n her
und schau'n wieder fort.
Die Magd trägt schwer
in der Finster dort.

Die Hirten und Knecht'
sind alle fern.
Es kreißt und stöhnt:
Wo bleibt denn der Stern!

Auf einmal ist
der Stall voll Licht

Und die drei Weisen
wissen es nicht.

—

Die Ochsen brüll'n,
der Esel klagt,
Die Stalltür geht

–

Da liegt die Magd.

Sie sagt's dem Sepp
still in die Ohr'n:
Mann – unser Heiland,
das Kind ist gebor'n.

URS WIDMER (1938–2014)

Weihnachten

Es sprach der Ochs zum Es:
wie lieb er trinkt, der Jes.
Auch wir woll bißchen prostern
so bis so gegen Ostern.

Die Tier im heilig Stall
griff froh zur Flaschen all.
Wed Es noch Ochs warn schüchtern.
Mar, Jos und Jes blieb nüchtern.

Jes schlief, Mar träumt, doch Jos
schaut auf sein Frau ziem bos.
Der Es sagt: Jos, übs Jahr
hast du vergess wies war.
Dann Weihnacht es schon wieder
und du sing Weihnachtslieder.

OSCAR WILDE (1854–1900)

Der selbstsüchtige Riese

Jeden Nachmittag, wenn die Kinder aus der Schule kamen, gingen sie in den Garten des Riesen, um darin zu spielen.

Es war ein großer, lieblicher Garten mit weichem, grünem Gras. Hier und da schauten wunderschöne Blumen aus dem Gras wie Sterne, und zwölf Pfirsichbäume standen da, die im Frühling köstliche rosa- und perlenfarbene Blüten trugen und im Herbst reiche Frucht brachten. Die Vögel saßen in den Bäumen und sangen so süß, daß die Kinder oft in ihren Spielen innehielten, um ihnen zu lauschen. »Wie glücklich wir hier sind!« rief eines dem anderen zu.

Eines Tages kam der Riese nach Haus. Er war auf Besuch gewesen bei seinem Freund, dem Menschenfresser von Cornwall, und war sieben Jahre bei ihm geblieben. Als die sieben Jahre um waren, hatte er alles gesagt, was er zu sagen hatte, denn das war nicht viel; und so beschloß er, in sein eigenes Schloß zurückzukehren. Als er ankam, sah er die Kinder in seinem Garten spielen.

»Was macht ihr hier?« schrie er mit sehr barscher Stimme, und die Kinder liefen weg.

»Mein eigener Garten ist mein eigener Garten«, sagte der Riese. »Das wird jeder einsehen, und ich erlaube keinem, darin zu spielen, außer mir selber.« Also baute er eine hohe Mauer rundherum und stellte eine Warntafel auf, darauf stand:

UNBEFUGTEN IST DER ZUTRITT BEI STRAFE VERBOTEN

Er war ein sehr selbstsüchtiger Riese.

Die armen Kinder konnten jetzt nirgends mehr spielen. Sie versuchten es auf der Straße, aber die Straße war sehr staubig und voll von harten Steinen, und das gefiel ihnen gar nicht. Wenn der Unterricht vorbei war, gingen sie jetzt oft rund um die hohen Mauern und unterhielten sich über den herrlichen Garten dahinter. »Wie glücklich waren wir dort!« sagten sie zueinander.

Dann kam der Frühling, und überall im ganzen Land gab es kleine Blüten und kleine Vögel. Nur im Garten des selbstsüchtigen Riesen herrschte noch immer Winter. Die Vögel hatten keine Lust, darin zu singen, weil keine Kinder da waren, und die Bäume vergaßen zu blühen. Einmal steckte eine wunderschöne Blume ihren Kopf aus dem Gras heraus, aber als sie die Warntafel sah, taten ihr die Kinder so leid, daß sie wieder zurück in die Erde schlüpfte und weiterschlief. Die einzigen, die sich freuten, waren der Schnee und der Frost. »Der Frühling hat diesen Garten vergessen«, riefen sie, »so wollen wir das ganze Jahr hier wohnen bleiben.« Mit seinem großen, weiten Mantel bedeckte der Schnee das Gras, und der Frost bemalte alle Bäume mit Silber. Sie luden den Nordwind ein, bei ihnen zu wohnen, und er kam. Er war in Pelze eingemummt, heulte den ganzen Tag durch den Garten und fegte die Schornsteinaufsätze herunter. »Das ist ein reizender Ort«, sagte er, »wir müssen den Hagel zu Besuch bitten.« So kam der Hagel. Jeden Tag prasselte er drei Stunden lang auf das Dach des Schlosses, bis die meisten Dachschiefer zerbrochen waren, und dann lief er rund um den Garten, so schnell er nur konnte. Er war in Grau gekleidet, und sein Atem war wie Eis. »Ich kann nicht begreifen, warum der Frühling sich mit seinem Kommen so lange Zeit läßt«, sagte der selbstsüchtige Riese, als er am Fenster saß und in seinen kalten, weißen Garten hinausblickte. »Ich hoffe, das Wetter ändert sich bald.«

Aber der Frühling kam nicht und auch nicht der Sommer. Der Herbst brachte jedem Garten goldene Früchte, doch dem Garten des Riesen brachte er nichts. »Er ist zu selbstsüchtig«, sagte er.

So blieb es hier immer Winter, und Nordwind und Hagel, Frost und Schnee tanzten zwischen den Bäumen.

Eines Morgens lag der Riese wach im Bett; da hörte er eine liebliche Musik. So süß klang es seinen Ohren, daß er meinte, die Musikanten des Königs zögen vorbei. In Wirklichkeit sang nur ein kleiner Hänfling draußen vor seinem Fenster, aber es war so lange her, seit er einen Vogel in seinem Garten singen gehört hatte, daß es ihm schien wie die herrlichste Musik in der Welt. Dann hörte der Hagel auf, über seinem Kopf zu tanzen, der Nordwind hörte auf zu heulen, und durch den offenen Fensterflügel drang ein köstlicher Duft. »Ich glaube, der Frühling ist endlich gekommen«, sagte der Riese; und er sprang aus dem Bett und sah hinaus.

Und was sah er?

Er sah ein höchst wunderbares Bild. Durch ein kleines Loch der Mauer waren die Kinder hereingekrochen und saßen nun in den Zweigen der Bäume. In jedem Baum, den er sehen konnte, saß ein kleines Kind. Und die Bäume freuten sich so sehr, die Kinder wiederzuhaben, daß sie sich in Blüten gekleidet hatten und ihre Arme sanft über den Köpfen der Kinder wehen ließen. Die Vögel schwirrten umher und zwitscherten vor Vergnügen, und die Blumen blickten aus dem grünen Gras heraus und lachten. Es war ein wunderschöner Anblick; nur in einer Ecke war noch Winter. Es war der entfernteste Winkel des Gartens, und dort stand ein kleiner Junge. Er war so klein, daß er nicht hinaufreichen konnte zu den Ästen des Baumes, und so lief er rundherum und weinte bitterlich. Der arme Baum war noch immer mit Frost und Schnee bedeckt, und der Nordwind blies und heulte darüber hin. »Steig herauf, kleiner Junge«, sagte der Baum und neigte seine Äste so weit herunter, wie er nur konnte; aber der Junge war zu winzig.

Und das Herz des Riesen schmolz, als er hinausblickte. »Wie selbstsüchtig bin ich doch gewesen!« sagte er. »Jetzt weiß ich, warum der Frühling nicht hierherkommen wollte. Ich werde diesen armen kleinen Jungen in den Wipfel des Baumes setzen, und dann werde ich die Mauer niederreißen, und mein Garten soll für immer ein Spielplatz der Kinder sein.« Und er bedauerte wirklich sehr, was er getan hatte.

Er schlich also hinunter, öffnete ganz sachte die Haustür und trat hinaus in den Garten. Aber als die Kinder ihn sahen, erschraken sie so, daß sie alle davonliefen, und im Garten wurde es wieder Winter. Nur der kleine Junge lief nicht davon, denn seine Augen waren so voll Tränen, daß er den Riesen nicht kommen sah. Und der Riese stahl sich hinter ihn, hob ihn sanft auf seine Hand und setzte ihn hinauf in den Baum. Und mit einem Male brach der Baum in Blüten aus, und die Vögel kamen und sangen darauf, und der kleine Junge streckte seine beiden Arme aus und schlang sie um des Riesen Nacken und küßte ihn. Und als die anderen Kinder sahen, daß der Riese nicht länger böse war, kamen sie zurückgelaufen, und mit ihnen kam der Frühling. »Das ist jetzt euer Garten, ihr kleinen Kinder«, sagte der Riese, und er nahm eine große Axt und riß die Mauer nieder. Und als die Leute um zwölf Uhr auf den Markt gingen, sahen sie den Riesen mit den Kindern spielen in dem herrlichsten Garten, den sie jemals erblickt hatten.

Den ganzen Tag lang spielten sie, und am Abend kamen sie zum Riesen, um sich zu verabschieden.

»Aber wo ist euer kleiner Spielgefährte«, sagte er, »der Junge, den ich in den Baum gesetzt habe?« Der Riese hatte ihn am liebsten, weil er ihn geküßt hatte.

»Wir wissen es nicht«, antworteten die Kinder, »er ist weggegangen.«

»Ihr müßt ihm sagen, daß er morgen ganz sicher wiederkommen soll«, sagte der Riese. Aber die Kinder erwiderten, sie wüßten nicht, wo er wohne, und hätten ihn niemals zuvor gesehen; da wurde der Riese sehr traurig.

Jeden Nachmittag, wenn die Schule vorbei war, kamen die Kinder und spielten mit dem Riesen. Aber der kleine Junge, den der Riese liebte, wurde niemals wieder gesehen. Der Riese war sehr freundlich zu allen Kindern, aber er sehnte sich nach seinem ersten kleinen Freund und sprach oft von ihm. »Wie gern würde ich ihn sehen!« sagte er dann immer.

Jahre vergingen, und der Riese wurde recht alt und schwach. Er konnte nicht mehr draußen spielen, also saß er in einem riesigen Lehnstuhl, sah den Kindern bei ihren Spielen zu und freute sich an seinem Garten. »Ich habe viele herrliche Blumen«, sagte er, »aber die Kinder sind die allerschönsten.«

Eines Wintermorgens, als er sich eben ankleidete, blickte er aus einem Fenster. Jetzt haßte er den Winter nicht mehr, denn er wußte, daß der Frühling nur schlief und die Blumen sich ausruhten.

Plötzlich rieb er sich seine Augen vor Erstaunen und schaute und schaute. Und wahrhaftig hatte er einen herrlichen Anblick. Im entferntesten Winkel des Gartens war ein Baum ganz bedeckt mit lieblichen weißen Blüten. Seine Äste waren golden, und silberne Früchte hingen von ihnen, und darunter stand der kleine Knabe, den er geliebt hatte.

Voller Freude lief der Riese hinunter und hinaus in den Garten. Er hastete über das Gras und näherte sich dem Kind. Und als er ganz nahe war, rötete sich sein Gesicht vor Zorn, und er sagte: »Wer hat es gewagt, dich zu verwunden?« Denn auf der Handfläche des Kindes waren die Male zweier Nägel, und Male zweier Nägel waren auf den kleinen Füßen.

»Wer hat es gewagt, dich zu verwunden?« rief der Riese. »Sage es mir, daß ich mein großes Schwert nehme und ihn erschlage.«

»Laß nur dein Schwert in der Scheide«, erwiderte das Kind, »denn dies sind die Wunden der Liebe.«

»Wer bist du?« fragte der Riese, und eine fremdartige Scheu überfiel ihn, und er kniete nieder vor dem kleinen Kind. Und das Kind lächelte dem Riesen zu und sagte zu ihm: »Du ließest mich einst in deinem Garten spielen, heute sollst du mit mir in meinen Garten kommen, der da ist das Paradies.«

Und als die Kinder an diesem Nachmittag hereinliefen, da fanden sie den Riesen tot unter dem Baum liegen, und er war ganz bedeckt mit weißen Blüten.

X

Ana Xareli

ANA XARELI (*1956)

Traum-Weihnacht

Das Wetter:
war nie netter –
weiße Pracht
seit letzter Nacht!

Die Christmesse:
ohne Blässe;
Predigt und Krippenspiel:
mit Schwung und viel Gefühl!

Der Braten:
fein geraten.
Gans, gefüllt mit Speck –
bis auf die Knochen alles weg!

Die Bescherung:
allen meine Verehrung –
lauter schöne Sachen,
die einem Freude machen!

Die politische Lage:
wie selten an diesem Tage –
keine Katastophen, auch kein Anschlag
statt dessen überall ein friedlicher Handschlag!

Y

William Butler Yeats

WILLIAM BUTLER YEATS (1865–1939)

Die Mutter Gottes

Dreifaltiger Schrecken der Liebe; ein Flackern,
In das offene Ohr gefallen;
Ein Raum, in dem ein Flügel schlug,
Der schrecklichste Schrecken aber von allen:
Daß ich die Himmel unter meinem Herzen trug.

War ich denn nicht zufrieden mit allem,
An dem eine jede findet Gefallen,
Der Ecke am Herd, dem Weg im Garten,
Dem Felsenbrunnen, wo wir Wäscheballen
Gewaschen, mit unserem Gewäsch vor allem?

Was ist das für ein Fleisch, das mir der Schmerz beschert,
Für ein gefallener Stern, den meine Milch ernährt,
Für eine Liebe, die das Blut im Herzen mir betäubt,
Daß eine jähe Kälte mir durch alle Knochen fährt
Und auf dem Kopfe mir das Haar sich sträubt?

WILLIAM BUTLER YEATS (1865–1939)

Ein Krippenspiel

Die Frau dort, die ihr Kindchen hält?
Noch eine Sternschnuppe, die fällt.

Das Tuch – wie glänzt es wunderbar?
War kein Mensch, war Delacroix.

Der Stall – wie regendicht gemacht?
Landors Zeltbahn auf dem Dach.

Fliege und Motte – wie verscheucht?
Irvings stolzer Federstreich.

Schuft und Tölpel – wie verjagt?
Talmas Blitz- und Donnerschlag.

Die Frau – was sitzt ihr im Genick?
Das ist doch wohl kein Gnadenblick?

Z

Eva Zeller

EVA ZELLER (*1923)

Weihnachten

Die kommen wollten
das Kind anzubeten
lasen unterwegs
im Stern
es fiele unter
abgeschaffte Paragraphen
man könnte ihm
mit Fug und Recht
schon prophylaktisch
seine Zweifel
durch die Hände treiben
Gott
der die
Quantensprünge regelt
wohne
nie und nimmer
unter uns

EVA ZELLER (*1923)

Sternkrippe

In sieben-
tausend Licht-
jahren entfern-
ten Sternkrippen
werden neue Himmels-
lichter geboren,
von Augenzeugen
jubelnd begrüßt
und getauft
ein Weltraumteleskop
steht Pate.

Was ist dagegen der
eine, der namenlose, der
lang schon verheißene, der
wandernde Stern, der
mit der Anziehungskraft, der
hunderttausend Sternen
nicht weicht, der
Jakobs, der
aufging?

Ganz zu schweigen von der
Krippen, für die Worte
wie armselig stehn,
die mit dem Heu und dem Stroh,
erinnere dich;
es gab eine Zeit,
da konntest du
selber dich biegen
zu so einer Wiegen,
konntest dich
nicht sattsehn
an der Geschichte,
die da geschah

*Nachklang:
der Johannes-Prolog
in der Übertragung von Walter Jens*

Am Anfang: ER.
Am Anfang: Das Wort.
Und Das Wort war bei Gott.
Und was Gott war, war ER.
ER: Am Anfang bei Gott.
Durch Das Wort
wurde alles.
Nichts, was ist,
ist ohne IHN.
ER: das Leben.
ER: das Licht
für die Menschen.
Das Licht in der Nacht:
nicht überwältigt
von der Finsternis.
Das Wort
war die Wahrheit.
ER
war das Licht,
das jedermann leuchtet.
ER
war in der Welt,
die Welt ist durch IHN geworden,
aber sie erkannte IHN nicht.
…

ER wurde Fleisch:
Mensch unter Menschen
war ER bei uns.
Wir sahen IHN in seiner Herrlichkeit,
dem Licht des einzigen Sohnes,
vom Vater her leuchtend,
erfüllt von Gnade und Wahrheit…

ZUM VORLESEN BESONDERS GEEIGNET:

– *Die schönsten weihnachtlichen Geschichten*

Stefan Andres: Die beinah verhinderte Weihnacht
Herman Bang: Eine Erinnerung
Johannes Bobrowski: Unordnung bei Klapat
Heinrich Böll: Monolog eines Kellners
Bertolt Brecht: Das Paket des lieben Gottes
Robert Gernhardt: Die Falle
Hanns Dieter Hüsch: Die Bescherung
Hanns Dieter Hüsch: Feiertage
Georg Kreisler: Weihnachten ist eine schöne Zeit
Werner Schneyder: Das neue Bild
Anton Tschechow: Wanka
Oscar Wilde: Der selbstsüchtige Riese

– *Texte zu Silvester und Neujahr*

H. C. Andersen: Das kleine Mädchen mit den Schwefelhölzchen
Dietrich Bonhoeffer: Von guten Mächten
Hermann Hiltbrunner: Herr der Stunden, Herr der Tage
Annette von Droste-Hülshoff: Am letzten Tag des Jahres
Johann Wolfgang von Goethe: Das Neue Jahr
Johann Wolgang von Goethe: Epiphaniasfest
Erich Kästner: Die vier archimedischen Punkte
Marie Luise Kaschnitz: Dezembernacht
August Wilhelm Schlegel: Die heil'gen drei Könige

Inhalt
Autoren, Überschriften, Textanfänge, Quellen

Jens, Walter: Die Weihnachtsgeschichte nach Lukas   9
    Der Johannes-Prolog   385
    in: Ders., Die vier Evangelien
    © Radius-Verlag, Stuttgart 2003

Ahlers, Heiko P.: *vom-himmel-hoch-zyklus*   15
    in: F. Brunner/A. Juhre/H. Kulas, Wir Kinder von Marx
    und Coca-Cola. Gedichte der Nachgeborenen
    © Peter Hammer Verlag, Wuppertal 1971
Albertz, Heinrich: *Eine andere Weihnachtsgeschichte*   16
    in: Wolfgang Erk (Hg.), Warten auf ihn
    © Radius-Verlag, Stuttgart 1981
Andersen, Hans Christian:
    Das kleine Mädchen mit den Schwefelhölzchen   18
    in: Ders., Märchen, Bd. 2, Leipzig 1953
Andres, Stefan: *Dörfliche Moselweihnacht*   21
    © Piper Verlag, München
–, *Die beinah verhinderte Weihnacht*   24
    in: Ders., Sehnsucht nach Italien
    © Albert Langen/Georg Müller Verlag in der F. A. Herbig
    Verlagsbuchhandlung GmbH, München/Wien 1988
Angelus Silesius: *In dir muß Gott geboren werden*   28
    in: Ders., Der cherubinische Wandersmann, Zürich 1946
Anouilh, Jean: *Das Lied vom verlorenen Jesuskind*   29
    in: Ders., Dramatisches Gesamtwerk
    © Albert Langen/Georg Müller Verlag in der F. A. Herbig
    Verlagsbuchhandlung GmbH, München
Auden, Wystan Hugh: *Unter euch ist ein Kind…*   30
    in: Ders., Hier und jetzt
    © Otto Müller Verlag, Salzburg 1961

Bachmann, Ingeborg:
   auf den Paradeplätzen der Weihnachtsstadt… 33
   in: Dies., Ich weiß keine bessere Welt. Unveröffentlichte Gedichte
   © Piper Verlag, München 2000
Bang, Herman: *Eine Erinnerung* 34
   in: Ders., Werke in drei Bänden, München/Wien 1982
Becher, Johannes R.: *Weihnacht* (Schon eine Woche vorher…) 38
   Weihnacht (Es blüht der Winter im Geäst…) 41
   in: Ders., Gedichte, © Aufbau-Verlag, Berlin und Weimar ²1976
Biallas, Joachim: *Wo ist Bethlehem?* 42
   in: Friede über Israel. Zeitschrift für Kirche und Judentum, 4 (1975)
Bichsel, Peter: *Die heilige Zeit* 43
   in: Ders., Dezembergeschichten
   © Insel Verlag, Frankfurt/Main 2007
Bierbaum, Otto Julius: *Der armen Kinder Weihnachtslied* 46
   in: Ders., Gesammelte Werke, Bd. 1, München 1912
Biermann, Wolf: *Weihnachtsmarkt auf dem Marx-Engels-Platz* 48
   in: Ders., Berlin, du deutsche deutsche Frau
   © Hoffmann und Campe, Hamburg 2008
Bobrowski, Johannes: *Dezember* 51
   in: Ders., Gesammelte Gedichte
   © Deutsche Verlags-Anstalt in der Verlagsgruppe
   Random House GmbH, München 2017
–: *Unordnung bei Klapat* 52
   in: Ders., Gesammelte Werke in 6 Bänden, Bd. 4
   © Deutsche Verlags-Anstalt in der Verlagsgruppe
   Random House GmbH, München 1999
Böll, Heinrich: *Die Kunde von Bethlehem* 56
   Monolog eines Kellners 59
   in: Ders., Gesammelte Erzählungen, Bd. 2
   © Kiepenheuer & Witsch, Köln
   und Lamuv Verlag, Bornheim-Merten 1981
Bonhoeffer, Dietrich: *Von guten Mächten* 62
   in: O. Dudzus (Hg.), Bonhoeffer Brevier, München 1965
Borchert, Wolfgang: *Die drei dunklen Könige* 64
   in: Ders., Das Gesamtwerk, Hamburg 1949
Brecht, Bertolt: *Das Paket des lieben Gottes* 67
   in: Ders., Gesammelte Werke in 20 Bänden, Band 11
   © Suhrkamp Verlag, Frankfurt/Main 1967

Brecht, Bertolt: *Maria* — 71
  Die gute Nacht — 72
  Friedenslied — 74
  Vom Glück des Gebens — 76
  in: Ders., Die Gedichte in einem Band
  © Suhrkamp Verlag, Frankfurt/Main 1981
Busch, Wilhelm: *Der Stern* — 77
  in: Ders., Gedichte, Zürich 1974
Buzzati, Dino: *Weihnachtsgeschichte* — 78
  in: Ders., Sieben Erzählungen
  © Worpsweder Verlag, Worpswede 1985
Cesaro, Ingo: *Weihnachtsfriede* — 85
Claudius, Matthias: Aus der *Weihnacht-Kantilene* — 86
  in: Ders., Sämtliche Werke, München ⁷1991
Dehmel, Richard: *Weihnachtsglocken* — 89
  in: Ders., Erlösungen. Gedichte und Sprüche, Berlin 1923
Drewitz, Ingeborg: *Barbaratag* — 90
  in: Wolfgang Erk (Hg.), Warten auf ihn
  © Radius-Verlag, Stuttgart 1981
Droste-Hülshoff, Annette von: *Am letzten Tag des Jahres* — 92
  in: Dies., Gesammelte Werke, Vaduz o. J.
Eichendorff, Joseph von: *Weihnachten* — 97
  Mariä Sehnsucht — 98
  in: Ders., Werke, Bd. 1, München 1970
Erhardt, Heinz: *Die Weihnachtsgans* — 99
  in: Das große Heinz Erhardt Buch, München ¹¹1986
  © Lappan Verlag, Oldenburg 1970
Exner, Richard: *Adventsbrief* — 100
  in: Ders., Ein Sprung im Schweigen. Gedichte und Zyklen
  © Radius-Verlag, Stuttgart 1992
Fietkau, Wolfgang: *Ein Mensch geboren* — 105
  in: U. Seidel/W. Willms (Hg.), Werkbuch Weihnachten
  © Jugenddienst-Verlag, Wuppertal 1972
Fontane, Theodor: *Noch ist Herbst nicht ganz entflohn* — 106
  Zum 24. Dezember 1890 — 107
  in: Ders., Gedichte in einem Band
  Frankfurt/Main, Leipzig 1998
Freytag, Gustav: *Weihnachtskrippen* — 108
  in: Ders., Gesammelte Werke, Bd. 8, Leipzig o. J.

Fried, Erich: *Weihnachtslied* 110
in: Ders., Gesammelte Werke, Bd. 1
© Verlag Klaus Wagenbach, Berlin 1993
Gerhardt, Paul: *Fröhlich soll mein Herze springen* 113
in: Ders., Wach auf, mein Herz, und singe, Wuppertal 2004
Gernhardt, Robert: *Die Falle* 118
in: Ders., Die Blusen des Böhmen, Frankfurt/Main 1977
© Robert Gernhardt
Goes, Albrecht *Die Geschenke und das Geschenk* 127
in: Ders., Christtagswege
© Radius-Verlag, Stuttgart 1984
Goethe, Johann Wolfgang von: *Zum Neuen Jahr* 132
Epiphaniasfest 134
in: Ders., Poetische Werke, Bd. 1, Berlin/Weimar ²1972
Grass, Günter: *Advent* 136
in: Ders., Werksausgabe in 18 Bänden,
Bd. 1: Gedichte und Kurzprosa
© Steidl Verlag, Göttingen 1997/2002
Gryphius, Andreas: *An den Neugebohrnen Herrn Jesum* 138
in: Ders., Lyrische Gedichte, Tübingen 1884
Heine, Heinrich:
Die heil'gen drei Könige aus Morgenland 141
in: Ders., Werke in 3 Bänden, Bd. 1: Die Gedichte, München o. J.
Henry, O.: *Das Geschenk der Weisen* 142
in: Ders., The Furnished Room/Das möblierte Zimmer
© Reclam Verlag, Stuttgart 1978
Hesse, Hermann: *Der Heiland* 149
in: Ders., Gesammelte Werke, Bd. I
© Suhrkamp Verlag, Frankfurt/Main 1970
Hiltbrunner, Hermann: *Herr der Stunden, Herr der Tage* 150
in: Gesangbuch der Ev.-ref. Kirchen
der deutschsprachigen Schweiz. © 1945 VHG
Huchel, Peter: *Weihnachtslied* 151
Die Hirtenstrophe 152
in: Ders., Gesammelte Werke, Band 1: Die Gedichte
© Suhrkamp Verlag, Frankfurt/Main 1984
Hüsch, Hanns Dieter: *Die Bescherung* 154
in: Ders., Ich sing für die Verrückten. Die poetischen Texte
© Edition diá, Berlin 2016 u. Chris Rasche-Hüsch

Hüsch, Hanns Dieter: *Dezember-Psalm* 158
   in: Ders., Ich steh unter Gottes Schutz
   © tvd-Verlag, Düsseldorf 1996
–, *Feiertage* 159
   in: Ders., Die Bescherung. © tvd-Verlag, Düsseldorf 2001
–, *Utopie* 162
   in: Ders., Das Schwere leicht gesagt, Freiburg i. Br.
   © tvd-Verlag, Düsseldorf 1993
Illies, Florian: *Heiligabend in der Berliner Klopstockstraße bei Lovis Corinth* 165
   in: 1913. Der Sommer des Jahrhunderts
   © S. Fischer Verlag, Frankfurt/Main ⁶2012
Juhre, Arnim: *Worauf warten wir?* 169
   Wenn das Vollkommene kommt 170
   Begebenheit 172
   in: Ders., Weihnachtsnachrichten, Stuttgart 1988
   © Arnim Juhre Erben
Kästner, Erich: *Der Weihnachtsabend des Kellners* 175
   Dem Revolutionär Jesus zum Geburtstag 176
   Weihnachtslied, chemisch gereinigt 178
   in: Ders., Die Gedichte. Berlin
   © Atrium Verlag, Zürich ⁴2011, und Thomas Kästner
–, *Die vier archimedischen Punkte* 180
   in: Ders., Die kleine Freiheit
   © Atrium Verlag, Zürich 1952, und Thomas Kästner
Kahlau, Heinz: *Weihnachtslegende* 184
   in: Ders., Sämtliche Gedichte und andere Werke
   © Aufbau-Verlag, Berlin 2005
Kaléko, Mascha: *Advent* 185
   in: Dies., Die paar leuchtenden Jahre
   © Deutscher Taschenbuch Verlag GmbH, München 2003
–, *Lediger Herr am 24. Dezember* 186
   in: Dies., Das lyrische Stenogrammheft
   © Rowohlt Taschenbuch Verlag GmbH, Reinbek 1956
Kaschnitz, Marie Luise: *Was war das für ein Fest?* 188
   in: Dies., Gesammelte Werke, Bd. 1
   © Insel Verlag, Frankfurt/Main 1973
–: *Dezembernacht* 191
   in: Dies., Dein Schweigen – meine Stimme. Gedichte 1958–1961
   © Claassen Verlag, Hamburg 1962

Keller, Gottfried, *Kennt ihr den Kleinkinderhimmel...* 192
  in: Gottfried Kellers Werke, Bd. 2, Salzburg/Stuttgart 1958
Kirsch, Sarah: *Zwischenlandung* 194
  in: Dies., Sämtliche Gedichte
  © Deutsche Verlags-Anstalt in der Verlagsgruppe
  Random House GmbH, München 2005
Klabund: *Bürgerliches Weihnachtsidyll* 195
  in: Ders., Werke in acht Bänden, Bd. 4/2, Heidelberg 2000
Klepper, Jochen: *Abendmahlslied zu Weihnachten* 196
  in: Ders., Ziel der Zeit. Die gesammelten Gedichte
  Bielefeld ⁷2003
Kreisler, Georg: *Weihnachten ist eine schöne Zeit* 198
  in: Ders., Die alten bösen Lieder
  © Stück gut Bühnen- und Musikverlag, München 1998
–, *Weihnachten bringt alles durcheinander* 201
  aus: Lieder zum Fürchten, © beim Autor
Krüss, James: *Die Weihnachtsmaus* 204
  Tannengeflüster 207
  in: Ders., Der wohltemperierte Leierkasten
  © C. Bertelsmann Verlag GmbH in der Verlagsgruppe
  Random House GmbH, München 1961
Kunert, Günter: *Weihnacht* 208
  in: Ders., Fremd daheim. Gedichte
  © Carl Hanser Verlag, München/Wien 1990
Lagerlöff, Selma: *Die Heilige Nacht* 211
  in: Dies., Christuslegenden
  © Nymphenburger in der F. A. Herbig Verlags-
  buchhandlung GmbH, München 1948
Laregh, Peter: *Ein Stern wie dieser* 216
  in: F. Horstmann (Hg.), Ein Stern müsste da sein
  © Helfende Hände, Münster 1980
Lenz, Siegfried: *Fröhliche Weihnachten oder Das Wunder von Striegeldorf* 218
  © Hoffmann und Campe, Hamburg 2012
Lorentz, Lore: *Ich denke an Aloysius Schwammel* 226
Luther, Martin: *Jesaja 9,1-6* 229
  Jesaja 11,1-10 230
  in: Lutherbibel, revidiert 2017
  © 2016 Deutsche Bibelgesellschaft, Stuttgart
–, *Wie schlicht und einfältig die Ding zugehen auf Erden* 232

Magiera, Kurtmartin: *Käme er heute* 234
in: Ders. (Hg.), Die Nacht im Dezember. Texte zur Geburt
des Herrn, © Butzon & Bercker, Kevelaer o. J.
Marti, Kurt: *geburt* 236
weihnacht 237
flucht nach ägypten 238
in: Ders., geduld und revolte. die gedichte am rand
© Radius-Verlag, Stuttgart 2011
Marti, Kurt, *Weihnachtsnüsse* 239
in: Ders., Werkauswahl in 5 Bänden, Bd. 2
© Nagel & Kimche im Carl Hanser Verlag,
München/Wien 1996
Meyer, Conrad Ferdinand: *Friede auf Erden* 240
in: Ders., Sämtliche Werke in vier Bänden, Bd. 2, Leipzig o. J.
Mörike, Eduard: *Die heilige Nacht* 242
Auf ein altes Bild 244
in: Ders., Sämtliche Werke, Bände I und II, München o. J.
Nöstlinger, Christine: *Ans Christkind…* 247
in: Dies., Fröhliche Weihnachten, liebes Christkind
© Dachs Verlag, Wien 1997
Novalis: *Fern in Osten wird es helle…* 248
Wenn ich ihn nur habe… 250
in: Ders., Geistliche Lieder, Stuttgart 1997
Orwell, George: *Weihnachten 1947* 255
© bei der Übersetzerin Barbara Heller
Otto, Louise: *Christbescherung* 260
Vorüber sind die Feste! 262
in: Dies., Mein Lebensgang, Leipzig 1893
Pasternak, Boris: *Der Stern der Geburt* 267
in: Ders., Wenn es aufklart. Gedichte 1956–1959
© S. Fischer Verlag, Frankfurt/Main 1960
Qualtinger, Helmut: *Travniceks Weihnachtseinkäufe* 273
in: Ders., Werksausgabe, Band 3
© Franz Deuticke Verlagsgesellschaft mbH, Wien 1996
Quast, Odwin: *weihnachten* 278
in: K. Magiera (Hg.), Die Nacht im Dezember. Texte zur
Geburt des Herrn, Kevelaer o. J.
Radbruch, Gustav: *Die Jahreszeiten. Eine Weihnachtsrede* 283
in: Ders., Gesamtausgabe, Bd. 4, Heidelberg 2002

Rilke, Rainer Maria: *Advent* 287
   Es gibt so wunderweiße Nächte 288
   in: Ders., Sämtliche Werke in zwölf Bänden, Bd. 1
   Frankfurt/Main 1975
Ringelnatz, Joachim: *Schenken* 289
   Einsiedlers Heiliger Abend 290
   in: Ders., Und auf einmal steht es neben dir.
   Gesammelte Gedichte, Berlin 1950
Rückert, Friedrich: *Gottes Licht* 292
   in: Ders., Die Weisheit des Brahmanen, Bd. 2,
   Leipzig 1837
Sachs, Nelly: *Alles beginnt mit der Sehnsucht* 295
Schadewinkel, Klaus: *dezember* 296
   in: Ders., Horizonte. Gedichte
   © Relief-Verlag-Eilers, München 1968
Schlegel, August Wilhelm: *Die heiligen drei Könige* 297
   in: Ders., Sämmtliche Werke, Bd. 1, Leipzig 1846
Schneyder, Werner: *Lob der Influenza* 298
   Das neue Bild 300
   in: Ders., Zeitspiel. © Erben Werner Schneyder
Schnurre, Wolfdietrich: *Anbetung* 302
   in: Ders., Kassiber/Neue Gedichte/Formel und Dechiffrierung
   © Suhrkamp Verlag, Frankfurt/Main 1964
Schorlemmer, Friedrich: *Wo über uns*
   nicht mehr der Himmel von Bethlehem aufginge… 305
Schröder, Rudolf Alexander: *Weihnacht* 306
   in: Ders., Gesammelte Werke, Bd. 1
   © Suhrkamp Verlag, Frankfurt/Main 1952
Schutting, Julian: *Die Heiligendreikönige* 307
   in: Ders., Am Morgen vor der Reise
   © Residenz Verlag, Salzburg und Wien 1978
Skácel, Jan: *Erwachsenenweihnacht* 310
   in: Reiner Kunze: Am Sonnenhang. Tagebuch eines Jahres
   © S. Fischer Verlag, Frankfurt/Main 1993
Sölle, Dorothee: *In dieser nacht* 311
   in: Dies., Meditationen und Gebrauchstexte
   © Wolfgang Fietkau Verlag, Berlin 1969
–, *Unterbrechung* 312
   in: Der Andere Advent 2009/2010, Hamburg 2009

Storm, Theodor: *Weihnachtslied* 313
   Knecht Ruprecht 314
   in: Ders., Sämtliche Werke in 4 Bdn., Bd. 1, Frankfurt/Main 1987
Süverkrüp, Dieter: *Stille Nacht* 316
   © Dieter Süverkrüp
Thoma, Ludwig: *Heilige Nacht* 321
   in: Ders., Peter Schlemihl, München 1913
Trakl, Georg: *Ein Winterabend* 322
   in: Ders., Das dichterische Werk, München ^{13}1992
Trautwein, Dieter: *Weil Gott in tiefster Nacht erschienen* 323
   © Strube Verlag, München/Berlin
Tschechow, Anton Pawlowitsch: *Wanka* 324
   in: Ders., Werke, Bd. 1, München 1963
Tucholsky, Kurt: *Groß-Stadt – Weihnachten* 330
   Weihnachten (So steh ich nun…) 332
   in: Ders., Gesammelte Werke, Bd. 1: 1907–1918, Reinbek 1960
–, *Einkäufe* 334
   Weihnachten (Nikolaus der Gute…) 336
   Gefühle nach dem Kalender 338
   in: Ders., Gesammelte Werke, Bd. 2: 1919–1920, Reinbek 1960
Ungaretti, Giuseppe: *Weihnacht* 343
   in: Ders., Die Heiterkeit/L'Allegria. Gedichte
   © Carl Hanser Verlag, München o. J.
Updike, John: *Die zwölf Schrecken der Weihnacht* 344
   © bei der Übersetzerin Maria Carlsson
Vogel, Heinrich: *Ach, Kindlein* 351
   in: Ders., Gesammelte Werke in zwölf Bänden
   © Radius-Verlag, Stuttgart 1982ff.
Wagner, Jan: *dezember 1914* 355
   in: Ders., Achtzehn Pasteten. Gedichte
   © Berlin Verlag, Berlin 2007
Walser, Robert: *Weihnacht* (Weihnachten?…) 356
   Weihnacht (In einem Buch ich las…) 358
   Das Christkind 359
   in: Ders., Das Gesamtwerk, © Suhrkamp Verlag, Frankfurt/Main
   Mit Genehmigung der Inhaberin der Rechte,
   der Carl-Seelig-Stiftung, Zürich
Weinheber, Josef: *Heilige Nacht* 360
   in: Ders., Vereinsamtes Herz. Leipzig 1935

Widmer, Urs: *Weihnachten* 362
 in: Brigitta Rambeck (Hg.), Mein Weihnachten. 40 Ansichten zu
 einer un-heiligen Jahreszeit, München 2000, © Urs Widmer Erben
Wilde, Oscar: *Der selbstsüchtige Riese* 363
 in: ders., Werke in zwei Bänden, Bd. 1
 © Carl Hanser Verlag, München 1970
Xareli, Ana: *Traum-Weihnachten* 371
 in: Dies., Tiefempfunden und erfunden. Traum-Gedichte
 Teuschungen 1999. © Stuttgart 2019
Yeats, William Butler: *Die Mutter Gottes* 375
 Ein Krippenspiel 376
 in: Ders., Die Gedichte
 © Luchterhand Literaturverlag in der Verlagsgruppe
 Random House GmbH, München 2005
Zeller, Eva: *Weihnachten* 379
 in: Dies., Fliehkraft. Gedichte
 © Deutsche Verlags-Anstalt, Stuttgart 1975
 –: *Sternkrippe* 380
 in: Dies., Das unverschämte Glück. Neue Gedichte
 © Radius-Verlag, Stuttgart 2006

Da die für diesen Band ausgewählten Texte über viele Jahre hin zusammengelegt wurden, war es nicht in jedem Fall möglich, die derzeitigen Rechtsinhaber zu ermitteln. Entsprechende Hinweise nimmt der Verlag dankbar entgegen. Herausgeber und Verlag danken den Autoren und den Verlagen für ihre Mitarbeit und Genehmigung zum Abdruck der Texte.

Bitte, beachten Sie auch die folgende Seite

Literarische Anthologien im Radius-Verlag. Eine Auswahl

Ursula Baltz-Otto (Hg.): Jeder Tag ein Gedicht. 366 Texte
Wilhelm Dehn (Hg.): Ist Mohn ein rotes Wort / ein schwarzes
   Mohn-Gedichte
Wilhelm Dehn (Hg.): So grundgeheim wie jedem offen. Holunder-Lyrik
Wilhelm Dehn (Hg.): Von Korn und Brot. Lyrik
Wolfgang Erk (Hg.): Für diesen Tag und alle Tage Deines Lebens. Brevier
Wolfgang Erk (Hg.): Literarische Auslese
Wolfgang Erk (Hg.): Neues Jahr – neues Glück!
   Literarische Texte zum Geburtstag und zur Jahreswende
Wolfgang Erk (Hg.): Tod – Trauer – Trost
   Literarische Texte zu Sterben und Leben
Wolfgang Erk (Hg.): Viele gute Wünsche. Literarische Annäherungen
Wolfgang Erk/Ole Landschoof (Hg.): Ich kann Sie gut riechen
   Ein literarisches Tabak-Colloquium
Marcell Feldberg (Hg.): Tod und Abschied
   Texte zur Trauer und darüber hinaus
Peter Härtling (Hg.): Ein Engel für jeden Tag. 366 Texte
Gisela und Ulrich Häussermann (Hg.): Frauengedichte der Welt
   Von der Antike bis zur Gegenwart
Günter Kunert (Hg.): Texte, die bleiben. Anthologie der Autoren
Ingeborg Ronecker (Hg.): Sprach-Los. Gedichte aus Jerusalem
Martin Scharpe (Hg.): Erdichtet und erzählt I und II
   Das Alte/Das Neue Testament in der Literatur
Martin Scharpe (Hg.): Die lieben Eltern
   Mütter und Väter in der Literatur
Martin Scharpe (Hg.): Das literarische Geburtstagsbuch
Martin Scharpe (Hg.): Das Nashorn geht spazieren. Eine lyrische Tierkunde
Asta Scheib (Hg.): Atem der Erde. Lyrik zu den vier Jahreszeiten
Friedrich Schorlemmer (Hg.): Das soll Dir bleiben
   Texte für morgens und abends
Fulbert Steffensky (Hg.): Ein seltsamer Freudenmonat
   24 Adventsgedichte und 24 Adventsgeschichten

Radius-Verlag · Alexanderstraße 162 · 70180 Stuttgart
Fon 0711.607 66 66   Fax 0711.607 55 55
www.Radius-Verlag.de   e-Mail: info@radius-verlag.de

Der grössere Gott.
Christentu

9783871735264.3